陈独秀

语丝

唐宝林 编

人民出版社

序

陈独秀（1879—1942）是中国近代伟大的民主主义思想家、启蒙者和革命家。

他的一生经历了中国 20 世纪上半叶最激烈博弈动荡的三个时期（晚清、北洋军阀、"中华民国"）。

他生活的年代，是中国备受东西方殖民主义与帝国主义侵略与掠夺的年代，也是中国人民被国内封建主义的官僚、军阀集团残酷压迫和剥削的年代。陈独秀从 1901 年（22岁）开始，受甲午战败和八国联军入侵以及康有为、梁启超维新运动失败的刺激，多次出国留学，探寻救国救民之路，并即学即行，参加并部分领导了从 1905 年开始的艰苦卓绝的中国民主主义革命运动。在这个过程中，他那渊博的学识、敏感的思索、深远的见识、大胆的言论，往往在历史的关键时刻，呈现出特立独行、天马行空、大起大落的传奇色彩，发表大量为人所不敢思、不能言的惊世骇俗的深刻见解和英明预见。如他敏锐观察到的一种普遍的社会现象："投合群众心理或激起群众恐慌的几句话，往往可以造成力量强大的舆论，至于公然反抗舆论便不是一件容易的事了。然而社会的进步或救出社会的①危险，都需要大胆反抗舆论的人，因为盲目的舆论大半是不合理的。此时中国的社会里正缺乏公然大胆反抗舆论的勇气之人。"②他就是这样一种在历史的关键时刻敢于公然

① 原文为"底"字者，根据现在的习惯用法，统一改为"的"，不再一一注释。——编者注
② 陈独秀：《反抗舆论的勇气》，《〈独秀文存〉选》，贵州教育出版社 2005 年版，第 221 页。

反抗舆论的人。他还说:"我不懂得什么理论,我决计不顾忌偏左偏右,绝对力求偏颇,绝对讨厌中庸之道,绝对不说人云亦云豆腐白菜不痛不痒的话,我愿意说极正确的话,也愿意说极错误的话,绝不愿说不错又不对的话。"①结果,他确实说了许多极正确的话,对历史发展产生了巨大的影响。自然,他也说了一些极错误的话,从而有时被甩出社会的主层,使他的一生染上悲剧的色彩。然而历史是不承认以成败论英雄的。

陈独秀的那些敢冒社会和当局大不韪的说言伟论,当时曾引起极大震动,从而启蒙、教育、提携了整整一代新青年。

陈独秀的这些思想言论,都发表在当时公开或秘密出版的著名刊物上,这些刊物多数是他自己主编,如《安徽俗话报》《新青年》《每周评论》《热潮》《无产者》《火花》

---

① 陈独秀:《给陈其昌等的信》,《陈独秀著作选》(三),上海人民出版社1993年版,第431页。

等，还有的是党中央的机关刊物，如《向导》、《布尔塞维克》等，还有不少散布在他给友人的大量书信中。其内容涉及国家、社会、政治、经济、文化、学术、思想、艺术等各个领域。这些文字，后来大多数又由他自己或别人多次选编成册出版。

笔者从 1979 年进入中国社会科学院近代史研究所起，曾为研究、撰写《陈独秀全传》查阅了几乎目前能找到的全部陈独秀论著（包括目前还未公开的绝密档案资料），但按这次编辑要求，笔者着重摘编了目前大陆上较为流行的以下三部陈独秀的文选：

任建树等编：《陈独秀著作选》（三卷本），上海人民出版社 1993 年版；

王观泉选编：《〈独秀文存〉选》，贵州教育出版社 2005 年版；

林致良、吴孟明、周履锵编：《陈独秀晚年著作选》，香港天地图书有限公司 2012 年版。

有了以上的说明，在本书的正文注释中，不再絮述每部文选的编者名和出版信息。

少数精彩言论，这三种文选未收入者，录自原始刊物。

其中陈独秀自编的《独秀文存》1922年由上海亚东图书馆出版后，连续印行十次累计印数达三万四千部，畅销达三十年。可见其影响之深远与博大。

其实，早在1952年后，"文化大革命"之前，每逢"五四"纪念日，我国都要举行盛大的集会，纪念五四新文化运动给中国人民启蒙作用的伟大历史贡献。笔者在1989年上海人民出版社出版的《陈独秀传》中，曾提出陈独秀是中国近代史上一个时代的代表：如果以一个人代表一个时代的话，从1894年孙中山创立兴中会起，到1914年反袁革命失败，是孙中山时代。因为孙中山领导了辛亥革命，成功推翻了统治中国几千年的封建皇帝。从1915年9月陈独秀创立《新青年》起，到1927年，是陈独秀时代。因为是陈独秀以《新青年》为阵地，高举民主和科学两面大旗，掀起了中国历史上目前为止最大的启蒙运动，培养了使中国走出中世纪的一代新青年；之后又是他在中国大力宣传马克思列宁主义，建立中国共产党，促进第一次国共合作，领导了第一次国内革命战争（又称第一次大革命）。1927 年 7 月，由于共产党自身尚在幼年时期而力量弱小，再加来自共产国际的外部错误干扰，大革命终于不可避免地失败了。由于复杂的原因，特别是从马克思列宁主义以城市为中心、依靠工人阶级、举行武装起义的传统革命道路，和共产党不应离开城市工人阶级而到农村去与农民相结合的原理出发，陈独秀反对中共走农村包围城市的道路，认为如果依靠农民和农村进行农民起义式的革命，不能成功，即使胜利了，由于党长期在农村活动，必然被"农民意识化"，而由于农民这个阶级的局限性也只能建立起专制独裁政权，对异己者进行残酷斗争，残暴，自私，狭隘，贪污，腐败，等等，绝不可能建设真正的社会主义。这个观点使他离开了中国革命的主航道。但是陈独秀对启蒙中国人民觉悟和他对革命的贡献、对人民利益鞠躬尽瘁的奋斗精神，永远镌刻在历史的丰碑上。

本书所编文字虽是20世纪前半叶的陈独秀言论精髓。但现代中国是昨日中国的延续，社会、国家、经济、文化、人生等各个领域，无不存留昨日的印痕与传统的影响。

现今党中央正大力推行反腐和改革，中华民族幸逢中兴腾飞良机。昨天被中国人视为救国救民、改革社会弊病"药石"的陈独秀（毛泽东曾称他是"思想界的明星"）的思想言论，有许多今日仍有借鉴意义。如他曾说："中国万病，根在社会太坏"①，而社会之所以太坏，是由于几千年儒家伦理思想所造成的等级制度，即不平等的政治制度："儒者三纲之说，为吾伦理政治之大原"；"三纲之根本义，阶级（即等级——编者）制度是也。所

---

① 陈独秀：《致胡适信》，《陈独秀著作选》（一），上海人民出版社1993年版，第183页。

谓名教，所谓礼教，皆以拥护此别尊卑明贵贱制度者也。近世西洋之道德政治，乃以自由平等独立之说为大原，与阶级制度极端相反。"① 又说："吾国欲图世界的生存，必弃数千年相传之官僚的专制的个人政治，而易以自由的自治的国民政治"；"所谓立宪政体，所谓国民政治，果能实现与否，纯然以多数国民能否对于政治，自觉其居于主人的主动的地位为唯一根本之条件。自居于主人的主动的地位，则应自进而建设政府，自立法度而自服从之，自定权利而自尊重之。"②

他还说中国腐败最大根源，是以几千年"升官发财"的个人利己主义和"光宗耀祖"的家族主义为中心的传统的人生观："充满吾人之神经，填塞吾人之骨髓，虽尸解魂消，焚其骨，扬其灰，用显微镜点点验之，皆各

---

① 陈独秀：《吾人最后之觉悟》，《陈独秀著作选》（一），上海人民出版社1993 年版，第 179 页。

② 陈独秀：《吾人最后之觉悟》，《陈独秀著作选》（一），上海人民出版社1993 年版，第 178 页。

有'做官发财'四大字。做官以张其威，发财以逞其欲。一若做官发财为人生唯一之目的，人间种种善行，凡不利此目的者，一切牺牲之而无所顾惜；人间种种罪恶，凡有利此目的者，一切奉行之而无所忌惮。此等卑劣思维，乃远祖以来历世遗传之缺点，与夫社会之恶习，相演而日深。"①他又指出："中国人所以缺乏公共心，全是因为家庭主义太发达的缘故……半聋半瞎的八十衰翁，还要拼着老命做官发财，买田置地，简直是替儿孙做牛马……那卖国贪赃的民贼，也不尽为自己的享乐，有许多竟是省吃俭用的守财奴……中国人的个人权利和社会公益，都做了家庭的牺牲品。"②

陈独秀的这些关于国民性的思想言论，今天仍然是极其深刻而有警示作用的药石之言！

① 陈独秀：《新青年》，《陈独秀著作选》（一），上海人民出版社 1993 年版，第 185 页。

② 陈独秀：《新文化运动是什么？》，《陈独秀著作选》（二），上海人民出版社 1993 年版，第 128 页。

比较而言，陈独秀关于民主主义的思想言论，最全面、最精彩，在今天最有启蒙意义。

他在研究了古罗马和希腊以来的人类历史后发现："民主主义乃是人类进步之一种动力。"① 因此，"人类社会之进步，虽不幸而有一时的曲折，甚至于一时的倒退，然而只要不是过于近视的人，便不能否认历史的大流，终于是沿着人权民主运动的总方向前进的。"②

于是，他一生疾呼："吾国欲图世界的生存，必弃数千年相传之官僚的专制的个人政治，而易以自由的、自治的国民政治也。"③

他更是一针见血地揭露历史上一切打着"为人民的利益和国家利益而奋斗"、却干着残酷压迫和掠夺人民和国家财富的统治集团与执政党的丑恶嘴脸："离开了实际政治组织

---

① 陈独秀：《无产阶级与民主主义》，《陈独秀晚年著作选》，香港天地图书有限公司 2012 年版，第 411 页。
② 陈独秀：《孔子与中国》，《陈独秀著作选》（三），上海人民出版社 1993 年版，第 389 页。
③ 陈独秀：《吾人最后之觉悟》，《陈独秀著作选》（一），上海人民出版社 1993 年版，第 178 页。

和由那些人来掌握国家的权力这样一针见血的问题，什么'以大多数人民为基础'，什么'人民是国家的主人'，这类话都空洞而无实际意义。"①

特别要指出的是：陈独秀的民主思想中，决没有无政府主义思想，也没有如"文革"时期无法无天、对社会破坏性极大的"大民主"。他的民主思想是与法治思想完美结合在一起的。为此本书摘编了不少他有关法治方面的论述。而他在论及"自由"时，也是以不损害他人或社会利益为条件的。在那个年代，能如此严谨、辩证地阐述这些复杂的问题是多么难能可贵。

尤其要指出的是，他曾冒天下之大不韪，提出人民应该爱什么样的国家："人民何故必建设国家，其目的在保障权利，共谋幸福，斯为成立国家之精神。吾国伊古以来，号为

---

① 陈独秀：《我们要怎样的民主政治?》，《陈独秀著作选》（三），上海人民出版社 1993 年版，第 281 页。

建设国家者，凡数十次，皆未尝为吾人谋福利，且为戕害吾人福利之蠹贼。"①"近世国家之通义曰：'国家者，乃人民集合之团体，辑内御外，以拥护全体人民之福利，非执政之私产也。'"②

毫无疑问，陈独秀的这些言论，至今仍是振聋发聩的启蒙雷音。

本稿在编辑中，得到人民出版社杨文霞同志的热情指点与帮助，在此表示衷心感谢！

唐宝林 2015 年 4 月 18 日初稿

8 月 8 日立秋修改

10 月 1 日国庆结稿

郑州文雅苑

---

① 陈独秀：《爱国心与自觉心》，《陈独秀著作选》（一），上海人民出版社 1993 年版，第 114 页。

② 陈独秀：《今日之教育方针》，《陈独秀著作选》（一），上海人民出版社 1993 年版，第 144 页。

目　录

一

（一）社会

1.人类社会是不断进步的，社会主义是历史的必然

社会组织进化的历程，是从渔猎时代酋长时代，进而为农业时代封建时代，由农业手工业时代进而为机器工业时代，即资本主义时代，再由资本主义时代进而为社会主义的工业时代。这个进化历程的变迁，纯是客观的境界，不是主观的要求。

《关于社会主义问题》，《陈独秀著作选》（二），第460—461页。

由封建而共和，由共和而社会主义，这是社会进化一定的轨道，中国也难以独异的。

《国庆纪念的价值》，《陈独秀著作选》（二），第 180 页。

我们相信社会主义，并不是主观的要求，想利用它来破坏资本主义来改造现社会，乃是否因为客观上经济组织变化之自然趋势及历史进化之历程，令我们不得不相信社会主义。

《关于社会主义问题》，《陈独秀著作选》（二）第 466 页。

在社会的进化上，物质的自然趋向的势力很大，留心改造社会的人万万不可漠视这种客观的趋向，万万不能够妄想拿主观的理想来自由改造；因为有机体的复杂社会不是一个面粉团子能够让我们自由改造的，近代空想的社会主义和科学的社会主义之重要的区别就在此一点。

《答郑贤宗》，《陈独秀著作选》（二），第 193—194 页。

2. 正确对待资本主义

资本主义的工业虽然要造成滔天罪恶，同时却创造了较高的生产力，较高的武力，较高的道德与文化，扫荡了整个旧社会各方面的落后性，奠定了将来新的社会主义社会之物质的基础，是人类进化途中一次大飞跃。

《民族野心》，《陈独秀著作选》（三），第491页。

资本主义发达自然是社会的进步。俄国无产阶级，与其说吃了资本主义发达的苦，不如说吃了资本主义太不发达的苦。这句话用在中国更适当。

《几个争论的问题》《陈独秀著作选》（三），第338页。

我们不是乌托邦的社会主义者，决不幻想不经过资本主义，而可以由半封建的社会一跳便到社会主义社会。

《我们现在为什么争斗?》《陈独秀著作选》（二），第 1109 页。

现在的中国，也有许多青年人模模糊糊地反对资本主义，爱好社会主义，这可以说是一种进步。但我们必须向他们指出不根据经济发展，不根据政治斗争，只满怀着厌恶资本主义感情的小资产阶级空想的社会主义，和无产阶级的社会主义之区别。

《我们不要害怕资本主义》，《陈独秀著作选》（三），第 517 页。

在科学的社会主义者看来，资本主义无论为功为罪，而毕竟是人类社会进化所必经的过程。

《我们不要害怕资本主义》，《陈独秀著作选》（三），第 517 页。

资本主义决不能因为人们厌恶它而不来，

社会主义也不能因为人们爱好它而来。这是由于社会经济发展的条件而决定的，人们的努力，只能使可来者快点来而已。

《我们不要害怕资本主义》，《陈独秀著作选》（三），第517页。

我们不要学唯名主义者，一听到社会主义便肃然起敬，一听资本主义便畏之如蛇蝎，厌之如粪蛆，如果人们不敢断言中国此时可以采用社会主义制发展工业，这必须毅然决然采用资本主义制来发展工业，只有工业发展，才能够清除旧社会的落后性，才能开辟新社会的道路。

《我们不要害怕资本主义》，《陈独秀著作选》（三），第519页。

3. 中国社会长期落后的原因

社会经济的问题不解决，政治上的大问

题没有一件能解决的，社会经济简直是政治的基础。

《实行民治的基础》，《陈独秀著作选》（二），第 29 页。

现实之世界，即经济之世界也。举凡国家社会之组织，无不为经济所转移所支配。古今社会状态之变迁，与经济状态之变迁，同一步度。

《今日之教育方针》，《陈独秀著作选》（一），第 145 页。

中国二千年来长期停滞在前资本主义的社会，虽然多次治乱循环，多次更换王朝，而统治权终于建立在落后的农业和商业上面，在朝在野扮演重要角色的，也终于是一班代表农民和商人的无知而又无耻的士大夫群，能产生孔、孟、老、庄、宋儒，发挥佛教等礼让退婴学说的，还算是其中优秀分子。

《民族野心》，《陈独秀著作选》（三），第 490 页。

农民的特性是守旧、散漫和无知；商人的特性是奸诈和无耻；这两种落后的特性合并起来，便形成了双料落后的士大夫群，无知而又无耻。

《民族野心》，《陈独秀著作选》（三），第 490 页。

前资本主义时期，这一时期的农业造成社会的蒙昧无知和散漫，商业造成社会的奸诈和苟偷，于是它的生产力、武力、道德、文化，都一般的衰落。

《民族野心》，《陈独秀著作选》（三），第 489 页。

吾之国力不伸，日益贫弱，正坐生殖过繁，超出生产之弊。长此不悟，必赴绝境。

《答张永言》，《陈独秀著作选》（一），第 181 页。

4.社会发展与人的努力

社会是人组织的，历史是社会现象之记录。"唯物的历史观"是我们的根本思想，名为历史观，其实不限于历史，并应用于人生观及社会观。

《答适之》，《陈独秀著作选》（二），第 573 页。

（主张）唯物史观的哲学家也并不是不重视思想、文化、宗教、道德、教育等心的现象之存在，唯只承认他们都是经济的基础上面之建筑物，而非基础之本身。

《答适之》，《陈独秀著作选》（二），第 574 页。

人的努力及天才之活动，本为社会进步所必需，然其效力只在社会的物质条件可能以内。思想知识言论教育，自然都是社会进步的重要工具，然不能说他们可以变动社会、解释历史、支配人生观和经济立在同等地位。

《答适之》，《陈独秀著作选》（二），第576页。

在社会的物质条件可能范围内，唯物史观论者本不否认人的努力及天才之活动。我们不妄想造一条铁路通月宫，但我们不妨妄想造一条铁路到新疆；我们不妄想学秦皇、汉武长生不老，但我们却不妨极力卫生以延长相当的寿命与健康的身体。

《答适之》，《陈独秀著作选》（二），第576页。

我们相信尊重自然科学实验哲学，破除迷信妄想，是我们现在社会进化的必要条件。

《〈新青年〉宣言》，《陈独秀著作选》（二），第41页。

战争之于社会，犹运动之于人身。人身

适当之运动，为健康之最要条件，盖新细胞之代谢，以运动而强其作用也。战争之于社会亦然。久无战争之国，其社会每呈凝滞之态，况近世文明诸国，每经一次战争，其社会其学术进步之速，每一新其面目。

《对德外交》，《陈独秀著作选》（一），第 269—270 页。

5.社会进步需要有敢于反抗舆论和说老实话的人

舆论就是群众心理的表现，群众心理是盲目的，所以舆论也是盲目的。古今来这种盲目的舆论，合理的固然成就过事功，不合理的也造过许多罪恶。反抗舆论比造成舆论更需要而却更难。

《反抗舆论的勇气》，《〈独秀文存〉选》，第 221 页。

投合群众心理或激起群众恐慌的几句话

往往可以造成力量强大的舆论，至于公然反抗舆论便不是一件容易的事了。然而社会的进步或救出社会的危险，都需要有大胆反抗舆论的人，因为盲目的舆论大半是不合理的。此时中国的社会里正缺乏公然大胆反抗舆论的勇气之人。

《反抗舆论的勇气》，《〈独秀文存〉选》，第221页。

自社会言之：群众意识，每喜从同；恶德污流，惰力甚大；往往滔天罪恶，视为其群道德之精华。非有先觉哲人，力抗群言，独标异见，则社会莫由进化。

《抵抗力》，《陈独秀著作选》（一），第151页。

我应该把我自己相信合乎真理的告诉所有同志，并且为真理奋斗，我的义务如此而已。我从来不愿把真理撂在一边，企图从阴谋诡计小把戏的基础上团结同志做自己个人的群众。

《对于统一运动的意见》,《陈独秀晚年著作选》,第 94 页。

我毫不顾虑我的意见……会是最少数,少数未必即与真理绝缘,即使人们所预祝的甚么"光杆"和"孤家寡人",于我个人是毫无所损,更无所惭愧。

《对于统一运动的意见》,《陈独秀晚年著作选》,第 94 页。

说老实话的人一天多似一天,说老实话的风气一天盛似一天,科学才会发达,政治才会清明,社会才会有生气。如此国家,自然不易灭亡。

《说老实话》,《陈独秀著作选》(三),第 496 页。

（二）国民

1.国民素质决定国家强弱

凡是一国的兴亡，都是随着国民性质的好歹转移。我们中国人，天生的有几种不好的性质……第一桩，只知道有家，不知道有国。……第二桩，只知道听天命，不知道尽人力。

《亡国的原因》，《陈独秀著作选》（一），第80—82页。

说到中国人口问题，有一班糊涂人常常以我们中国人口众多自豪，实在是梦话。……单是我们人口数目比别国多不算是真人多，必须我们人口和土地的比例比别国多，才真是人口多。单是人口众多也不能自豪，必须是有知识和生产能力的人多，才可以自豪。

《马尔塞斯人口论与中国人口问题》，《陈独秀著作选》（二），
第115页。

国之强弱，当以其国民之智勇富力为衡，岂在人口之多寡？且比较各国人口之多寡，匪独以人数为标准，当合人品与土地而比例之以为标准。

《答张永言》，《陈独秀著作选》（一），第180页。

盖中国人性质，只争生死，不争荣辱，但求偷生苟活于世上，灭国为奴皆甘心受之。外国人性质，只争荣辱，不争生死，宁为国民而死，不为奴隶而生。

《安徽爱国会演说》，《陈独秀著作选》（一），第 14—15 页。

若其国之民德、民力，在水平线以下者，则自侮自伐，其招致强敌独夫也，如磁石之引针，其国家无时不在灭亡之数，其亡自亡也，其灭自灭也。

《我之爱国主义》，《陈独秀著作选》（一），第 207 页。

人民程度与政治之进化，乃互为因果，未可徒责一方者也。多数人民程度去共和过远，则共和政体固万无成立之理由。然吾人论政若不以促进共和为鹄的，则上之所教，下之所学，日日背道而驰，将何由而使其民尽成共和之民哉？

《四答常乃惠》，《陈独秀著作选》（一），第 291 页。

2.国民性落后之种种

全国人民，以君主之爱憎为善恶，以君主之教训为良知。生死予夺，唯一人之意是从。人格丧亡，异议杜绝。所谓纲常大义，无所逃于天地之间，而民意、民志、民气，扫地尽矣。

《抵抗力》，《陈独秀著作选》（一），第 154 页。

只保身家，不问国事，以国家之兴衰治乱，皆政府之责，人民何必干预。不知国事不支，岂政府独受其累！各人身家又焉能保？

《安徽爱国会演说》，《陈独秀著作选》（一），第 16 页。

我们中华民国，自古闭关，独霸东洋，和欧、美、日本通商立约以前，只有天下观念，没有国家观念。所以爱国思想，在我们

（二）国民

普遍的国民根性上，印象十分浅薄。

《我们究竟应当不应当爱国》，《陈独秀著作选》（二），第23页。

中国人最大的病根，是人人都想用很小的努力牺牲，得很大的效果。这病不改，中国永远没有希望。

《五四运动的精神是什么?》，《陈独秀著作选》（二），第131页。

中国人向来相互不承认他人的人格，所以全体没有人格。

《上海厚生纱厂湖南女工问题》，《陈独秀著作选》（二），第139页。

苟安忍辱，恶闻战争，为吾华人最大病根，数千年来屈服于暴君异族之下者，只以此耳。

《答李亨嘉》，《陈独秀著作选》（一），第312页。

西洋诸民族，好战健斗，根诸天性，成为风俗。自古宗教之战，政治之战，商业之战，欧罗巴之全部文明史，无一字非鲜血所书……东洋民族或目为狂易；但能肖其万一，爱平和尚安息雍容文雅之劣等东洋民族，何至处于今日之被征服地位？

《东西民族根本思想之差异》，《陈独秀著作选》（一），
第 165—166 页。

西洋民族性，恶侮辱，宁斗死；东洋民族性，恶斗死，宁忍辱。民族而具如斯卑劣无耻之根性，尚有何等颜面，高谈礼教文明而不羞愧！

《东西民族根本思想之差异》，《陈独秀著作选》（一），
第 166 页。

对于醉生梦死昏昏沉沉的我们中国人，令人郁闷欲死的中国社会，日本帝国主义的飞机大炮，固然有毁灭我们之可能，如果我们能够善于利用它，正是及时的无限

（二）国民

大警钟。

《多谢敌人的飞机大炮》，《陈独秀著作选》（三），第 412 页。

敌人的飞机轰炸遍了全中国的大都市，使我们没有逃避的余地，谁勇敢，谁怯懦，谁正直，谁奸诈，谁是有心肝的人，谁是冷血动物，谁有才干，谁是蠢材，都一一显露在众人的面前，不是拍马吹牛可以代替得了。

《多谢敌人的飞机大炮》，《陈独秀著作选》（三），第 412 页。

战争与革命，只有在趋向进步的国家，是生产力发达的结果，又转而造成生产力发展的原因；若在衰退的国家，则反而使生产力更加削弱，使国民品格更加堕落——夸诞、贪污、奢侈、苟且，使政治更加黑暗——军事独裁化。

《我的根本意见》，《陈独秀晚年著作选》，第 439 页。

通一切有生无生物，一息思存，即一息不得无抵抗力。此不独人类为然也：行星而无抵抗力，已为太阳所吸收；植物而无抵抗力，则将先秋而零落；禽兽而无抵抗力，将何以堪此无宫室衣裳之生活？

《抵抗力》，《陈独秀著作选》（一），第 151 页。

国人须知奋斗乃人生之职，苟安为召乱之媒！兼弱攻昧，弱肉强食，中外古今，举无异说。国人而抛置抵抗力，即不啻自署奴券，置弱昧之林也。

《抵抗力》，《陈独秀著作选》（一），第 152—153 页。

吾国衰亡之现象，何止一端？而抵抗力之薄弱，为最深最大之病根。退缩苟安，铸为民性，腾笑万国。

《抵抗力》，《陈独秀著作选》（一），第 152 页。

（二）国民

中国人最缺乏公共心，纯然是私欲心用事，所以遍政界、商界、工界、学界，没有十人以上不冲突、三五年不涣散的团体。

《新文化运动是什么?》，《陈独秀著作选》（二），第 127 页。

中国人的个人权利和社会公益，都做了家庭的牺牲品。"各人自扫门前雪，莫管他人瓦上霜。"这两句话描写中国人家庭主义独盛、没有丝毫公共心，真算十足了。

《新文化运动是什么?》，《陈独秀著作选》（二），第 128 页。

各国内只有阶级，阶级内复有党派，我以为"国民"不过是一个空名，并没有实际的存在。有许多人欢喜拿国民的名义来号召，实在是自欺欺人……因为一国民间各阶级各党派的利害、希望各不相同，他们的总意不但没有方法表现，而且并没有实际的存在。

《对于时局的我见》,《陈独秀著作选》(二),第 165—166 页。

吾民之德敝治污,其最大原因,即在耳目头脑中无高尚纯洁之人物为之模范,社会失其中枢,万事循之退化。

《驳康有为致总统总理书》,《陈独秀著作选》(一),第 217—218 页。

吾国人去做官发财外,无信仰心,宗教观念极薄弱。今欲培养信仰心,以增进国民之人格,未必无较良之方法。

《再答俞颂华》,《陈独秀著作选》(一),第 308 页。

消费之额,不可超过生产,已为经济学之定则……国民而无贮蓄心,浪费资财于不生产之用途,则产业凋敝,国力衰微,可立而俟。

《我之爱国主义》,《陈独秀著作选》(一),第 208 页。

（二）国民

吾华之贫，宇内仅有……若再事奢侈，不啻滴尽吾民之膏血……人人节衣省食，以为国民兴产殖业之基金。爱国君子，何忍而不出此？

《我之爱国主义》，《陈独秀著作选》（一），第209页。

富人的子弟多游惰，贫民的子弟多勤劳，倘专门限制贫民多子，社会上游惰分子渐渐增加，勤劳的分子渐渐减少，岂不是可怕的么？

《马尔塞斯人口论与中国人口问题》，《陈独秀著作选》（二），第114页。

（三）政治

1．公民不能不问政治

政治之为物，曾造成社会上无穷之罪恶。唯人类生活，既必经此阶段，且今方在此阶段中，则政治不得不为人类生活重要部分之一。倘漠视之，必为其群进化之最大障碍。

《答顾克刚》，《陈独秀著作选》（一），第331页。

亚里士多德说得好："人是政治的动物"，

除非不是人，哪能够不问政治！"不问政治"这句话，是亡国的哀音，是中国人安心不做人的表示！

《教育界能不问政治吗?》，《陈独秀著作选》（二），第 417 页。

经济落后的民族，一切小工商业家与小农其对于政治的需要与欲望，自然不发达，所以中国农民一向酣眠，商人说在商言商不问政治，教育界主张教育独立不问政治。然在殖民地半殖民地，外力及军阀压迫到了民不聊生的时候……中国人民……也出来谈谈政治了。

《欢迎〈民治〉周刊》，《陈独秀著作选》（二），第 530 页。

中国政治所以至此者，乃因一般国民雅不欲与闻政治，群以为政治乃从事政治生活者之事业，所以国民缺乏政治知识，政治能力，如外人所讪笑者。而今而后，国民生活倘不加以政治采色，倘不以全力解决政治问题，则必无教育实业之可言，终于昏弱削亡而已。

《答顾克刚》，《陈独秀著作选》（一），第 331 页。

2．有好党才有好政治

有政治便自然有党，无所谓应该不应该，并且必须有好党才有好政治。

《苏俄六周》，《陈独秀著作选》（二），第 546 页。

自政治言之：对外而无抵抗力，必为异族所兼并；对内而无抵抗力，恒为强暴所劫持。抵抗力薄弱之人民，虽尧舜之君，将化而为桀纣。

《抵抗力》，《陈独秀著作选》（一），第 151 页。

怎样才是政治的胜利？必须民众了解革命是于他们有利的，革命的胜利就是他们的胜利，起而拥护此胜利，帮助革命党革命军推翻一切反革命的势力，拥护此革命政权，这才是革命党之政治的胜利；并不是单靠军事的胜利……革命党做了官，便算政治的胜利。

《革命与民众》，《陈独秀著作选》（二），第1184页。

怎样才能够使民众了解革命是于他们有利的呢？这不是一件容易的事。这绝不是什么空口宣传主义可以收效的。民众所认识的是事实，所感觉的是切身问题，离开他们的切身问题，离开事实的主义，不会真能使他们相信；反之不兑现支票式的宣传，会使他们发生反感。……不是为革命而拥护革命，更不是为革命党而拥护革命。

《革命与民众》，《陈独秀著作选》（二），第1184页。

在一些进化阶段短促变化复杂的社会里，一个党派的理想，一个人的行为，同时能建革命的功劳也能造反革命的罪恶。

《革命与反革命》，《陈独秀著作选》（二），第 403 页。

（四）爱国

1.国家是什么？

国家这一个抽象名词，本来就是一切统治阶级的所有物，谁取得统治权，谁便有权拿国家这一名义做统治全国人民之工具；国家权就是统治权，国家的利益就是统治阶级的利益。

《孙中山三民主义中之民族主义是不是国家主义》，

《陈独秀著作选》（二），第 1047 页。

人民何故必建设国家，其目的在保障权利，共谋幸福，斯为成立国家之精神。吾国伊古以来，号为建设国家者，凡数十次，皆未尝为吾人谋福利，且为戕害吾人福利之蟊贼。

《爱国心与自觉心》，《陈独秀著作选》（一），第114页。

近世国家之通义曰："国家者，乃人民集合之团体，辑内御外，以拥护全体人民之福利，非执政者之私产也。"

《今日之教育方针》，《陈独秀著作选》（一），第144页。

民国必须建设在最大多数人民的幸福上面，人民的幸福又以经济的生活为最切要，经济的生活不进步，所谓人民的幸福，仍只是一句空话。

《造国论》，《陈独秀著作选》，（二）第389页。

（四）爱国

举一切伦理，道德，政治，法律，社会之所向往，国家之所祈求，拥护个人之自由权利与幸福而已。

《东西民族根本思想之差异》，《陈独秀著作选》（一），第 166 页。

国家利益，社会利益，名与个人主义相冲突，实以巩固个人利益为本因也。

《东西民族根本思想之差异》，《陈独秀著作选》（一），第 166 页。

爱国心，情之属也。自觉心，智之属也。爱国者何？爱其为保障吾人权利谋益吾人幸福之团体也。自觉者何？觉其国家之目的与情势也。是故不知国家之目的而爱之则罔，不知国家之情势而爱之则殆。

《爱国心与自觉心》，《陈独秀著作选》（一），第 114 页。

近世国家主义，乃民主的国家，非民奴

33

的国家。民主国家，真国家也，国民之公产也，以人民为主人，以执政为公仆者也。民奴国家，伪国家也，执政之私产也，以执政为主人，以国民为奴隶者也。

《今日之教育方针》，《陈独秀著作选》（一），第 144 页。

真国家者，牺牲个人一部分之权利，以保全体国民之权利也。伪国家者，牺牲全体国民之权利，以奉一人也。

《今日之教育方针》，《陈独秀著作选》（一），第 144 页。

国家者，保障人民之权利，谋益人民之幸福也。不此之务，其国家也存之无所荣，亡之无所惜。

《爱国心与自觉心》，《陈独秀著作选》（一），第 118 页。

若中国之为国，外无以御侮，内无以保

民，不独无以保民，且适以残民，朝野同科，人民绝望。

《爱国心与自觉心》，《陈独秀著作选》（一），第 118 页。

保民之国家，爱之宜也；残民之国家，爱之也何居。

《爱国心与自觉心》，《陈独秀著作选》（一），第 118 页。

近世国家，无不建筑于多数国民总意之上，各党策略，非其比也。盖国家组织，著其文于宪法，乃国民总意之表征。

《答汪叔潜》，《陈独秀著作选》（一），第 202 页。

要问我们应当不应当爱国，先要问国家是什么。原来国家不过是人民集合对外抵抗别人压迫的组织，对内调和人民纷争的机关。善人利用它可以抵抗异族压迫，调和国内纷争。恶人利用它可以外而压迫异族，而内压迫人民……许多对内对外的黑暗罪恶，都是在国家名义之下做出来的。

《我们究竟应当不应当爱国?》，《陈独秀著作选》（二），
第 23 页。

2. 如何爱国!

我十年以前，在家里读书的时候，天天只知道吃饭睡觉。就是发奋有为，也不过是念念文章，想骗几层功名，光耀门楣罢了。哪知道国家是什么东西，和我有什么关系呢?到了甲午年，才听见人说有个什么日本国，把我们中国打败了……此时我才晓得，世界上的人，原来是分做一国一国的。

《说国家》，《陈独秀著作选》，（一）第 55 页。

我从前只知道，一身快乐，一家荣耀，国家大事，与我无干。哪晓得全树将枯，岂可一枝独活；全巢将覆，焉能一卵独完。自古道国亡家破，四字相连。

《说国家》，《陈独秀著作选》，（一）第 55 页。

凡是一国，必不可无一定的土地……土地，是建立国家第一件要紧的事。你看现在东西各强国，尺土寸地，都不肯让人，就是这个道理了。

《说国家》，《陈独秀著作选》，（一）第 56 页。

爱国！爱国！这种声浪，近年来几乎吹遍了我们中国的各种社会。就是腐败官僚蛮横军人，口头上也常常挂着爱国的字样，就是卖国党也不敢公然说出不必爱国的话。

《我们究竟应当不应当爱国?》，《陈独秀著作选》（二），第 22 页。

我们中国是贫弱受人压迫的国家，对内固然造了许多罪恶，"爱国"二字往往可以用做搜刮民财压迫个人的利器，然而对外一时万没有压迫别人的资格。

《我们究竟应当不应当爱国？》，《陈独秀著作选》（二），第23页。

世之所重于爱国者何哉？……强敌侵入之时，则执戈御侮；独夫乱政之际，则血染义旗。卫国保民，此献身之烈士所以可贵也。

《我之爱国主义》，《陈独秀著作选》（一），第206页。

爱国心为立国之要素……中国语言，亦有所谓忠君爱国之说。唯中国人之视国家也，与社稷齐观，斯其释爱国也，与忠君同义。盖以此国家，此社稷，乃吾祖宗艰难缔造之大业，传之子孙，所谓得天下是也。若夫人民，唯为缔造者供其牺牲，无丝毫自由权利与幸福焉……自古迄今，未之或改者也。

《爱国心与自觉心》，《陈独秀著作选》（一），第 113 页。

　　我们中国人，不懂得国家和朝廷的分别，历代换了一姓做皇帝，就称作亡国，殊不知一国里，换了一姓做皇帝，这国还是国，并未亡了，这只可称做"换朝"，不可称做"亡国"。

《亡国篇》，《陈独秀著作选》（一），第 67 页。

　　集人成国，个人之人格高，斯国家之人格亦高；个人之权巩固，斯国家之权亦巩固。

《一九一九年》，《陈独秀著作选》（一），第 172 页。

　　吾国年来政象，唯有党派运动，而无国民运动也……吾国之维新也，复古也，共和也，帝政也，皆政府党与在野党之所主张抗斗，而国民若观对岸之火，熟视而无所容心；其结果也，不过党派之胜负，于国民根本之进步，必无与焉。

《一九一九年》，《陈独秀著作选》（一），第 173 页。

欲图根本之救亡，所需乎国民性质行为之改善，视所需乎为国献身之烈士，其量尤广，其势尤迫。故我之爱国主义，不在为国捐躯，而在笃行自好之士，为国家惜名誉，为国家弭乱源，为国家增实力。

《我之爱国主义》，《陈独秀著作选》（一），第 207 页。

（五）政府

1.政府是全国人的公共机关，应注重保护多数人的利益

我盼望官场和资本家，你们既然反对"无政府主义"，就应该尽政府的职分，就应该注重民生问题，就应该把政府当作全国人的公共机关，不应该把政府当作专门保护少数人财产工商阶级利益的机关，不应该把多数人无产劳动阶级的痛苦不放在眼里。

《告北京劳动界》，《陈独秀著作选》（二），第52页。

吾国专制日久，唯官令是从。人民除纳税诉讼外，与政府无交涉。国家何物，政治何事，所不知也。积成今日国家危殆之势……国政变迁，悉委诸政府及党人之手；自身取中立态度，若观对岸之火，不知国家为人民公产，人类为政治动物。

《吾人最后之觉悟》，《陈独秀著作选》（一），第 177 页。

世界各国里面最不平最痛苦的事，不是别的，就是少数游惰的消费的资产阶级，利用国家、政治、法律等机关，把多数极苦的生产的劳动阶级压在资本势力底下，当作牛马机器还不如。

《谈政治》，《陈独秀著作选》（二），第 158 页。

一国中担任国家责任的人自然是越多越好，但是将这重大的责任胡乱放在毫无知识、毫无能力、毫无义务心的人们肩上，岂不是民族的自杀！

《随感录·卑之无甚高论》，《陈独秀著作选》，（二）第 287 页。

社会国家之进步也，其道万端，而始终赖为必要者，乃有大众信仰之人物，为之中枢为之表率……社会得一闻人，必培养数十年，毁之至易，成之至难。愿社会珍重之，尤愿其人慎自珍重。

《时局杂感》，《陈独秀著作选》（一），第 318 页。

夫政府不善，取而易之，国无恙也。

《爱国心与自觉心》，《陈独秀著作选》（一），第 118 页。

2. 自夸"举国人民拥护的政府"，往往是独裁政府

希特勒夸耀自己并夸耀墨索里尼都为"举

国人民百分之九十九所拥护之政府"，其实一切独裁政府，都会耍这套把戏，独有民主政府办不到，这正是它的优点，因为它不敢像独裁政府那样无法无天地干。

《我们为什么反对法西斯特》，《陈独秀著作选》（三），第 522 页。

凡是反对军事专政的人，便应该赞成以党治国；同时，主张以党治国的人，也不应该仍旧留恋军事专政！

《寸铁·以党治国与军事专政》，《陈独秀著作选》（二），第 1119 页。

所谓大道之行，天下为公，乃指君主禅让而言，与民主共和，绝非一物。

《再答常乃惪》，《陈独秀著作选》（一），第 265 页。

以行政言，仁政自优于虐政；以政治言，仁政之伤损国民自动自治之人格，固与虐政

（五）政府

无殊；以治乱言，王政之治乃一时的而非永久的，乃表面的而非里面的。共和之治，乃永久的而非一时的，乃里面的而非徒表面的也。

《再答常乃惪》，《陈独秀著作选》（一），第265—266页。

若共和之乱，乃过渡时代一时之现象，且为专制余波所酿成，决非真共和自身之罪恶。

《再答常乃惪》，《陈独秀著作选》（一），第266页。

革命党是革命的民众之最急进的先锋，有时自不得不指导民众，革命的民众也自然有受革命党指导的必要，也自然有为革命而牺牲自身利益的必要；可是如若我们革命党倏然自大地向民众说：尔等民众须受本党的指挥，由本党管理，尔等民众须为我们的革命牺牲你们的利益，则民众将不明白我们想干什么。拿这样的态度对待民众，如何能够得到民众！

《革命与民众》，《陈独秀著作选》（二），第 1184—1185 页。

个人不说老实话，其事还小；政府使人不敢说老实话，事情已经够严重了；社会不容许人说老实话，则更糟。

《说老实话》，《陈独秀著作选》（三），第 496 页。

物之不切于实用者，虽金玉圭璋，不如布粟粪土？若事之无利于个人或社会现实生活者，皆虚文也，诳人之事也。诳人之事，虽祖宗之所遗留，圣贤之所垂教，政府之所提倡，社会之所崇尚，皆一文不值也！

《敬告青年》，《陈独秀著作选》（一），第 134 页。

发展中国实业，只有国家社会主义……所谓国家社会主义决非建设在现状之上，亦非由国家包办一切大小工商业，马上就要禁绝一切私人企业。

《答张东荪》，《陈独秀著作选》（二），第 386 页。

（六）腐败

1. 中国式腐败的根源

充满吾人之神经，填塞吾人之骨髓，虽尸解魂消，焚其骨，扬其灰，用显微镜点点验之，皆各在"做官发财"四大字。做官以张其威，发财以逞其欲。一若做官发财为人生唯一之目的，人间种种善行，凡不利此目的者，一切牺牲之而无所顾惜；人间种种罪恶，凡有利此目的者，一切奉行之而无所忌惮。此等卑劣思维，乃远祖以来历世遗传之缺点，（孔门即有干禄之学）与夫社会之恶习，相演而日深。

《新青年》，《陈独秀著作选》（一），第185页。

中国人所以缺乏公共心，全是因为家庭主义太发达的缘故……半聋半瞎的八十衰翁，还要拼着老命做官发财，买田置地，简直是替儿孙做牛马……那卖国贪赃的民贼，也不尽为自己的享乐，有许多竟是省吃俭用的守财奴……中国人的个人权利和社会公益，都做了家庭的牺牲品。

《新文化运动是什么?》，《陈独秀著作选》（二），第128页。

无论如何读书明理之青年，发愤维新之志士，一旦与世周旋，做官发财思想之触发，无不与日俱深。浊流滔滔，虽有健者，莫之能御。

《新青年》，《陈独秀著作选》（一），第185页。

伦理思想，影响于政治，各国皆然，吾华尤甚。儒者三纲之说，为吾伦理政治之大原，共贯同条，莫可偏废。三纲之根本义，阶级制度是也。所谓名教，所谓礼教，皆以拥护此别尊卑明贵贱制度者也。近世西洋之道德政治，乃以自由平等独立之说为大原，与阶级制度极端相反。

《吾人最后之觉悟》，《陈独秀著作选》（一），第 179 页。

那有钱的人，他的钱并不是费了些心血开设工厂赚来的，乃是做文武官卖国借款拿回扣搜刮抢劫来的。通国的钱财，都归到这班文武官和他们子孙的手里。

《贫民的哭声》，《陈独秀著作选》（一），第 532 页。

中国式的官僚。一生的志愿，长在谋官做，刮地皮，逢迎权贵，欺压平民。国法是什么，官规是什么，地方的利弊是什么，人民的苦乐是什么，一概不问；一心只想发点财，回家享福。

《除三害》，《陈独秀著作选》，（一）第450页。

政治的罪恶，私有财产的罪恶，战争的黑暗，阶级的不平（贫富男女贵贱官民尊卑名分等问题，都包含在内），以及种种不近情理不合人类自然生活的法律道德，四面黑暗将我们团团围住，不用说这都是我们本性上黑暗方面和一般动物同样的贪残利己心造成的恶果。

《我们应该怎样?》，《陈独秀著作选》（一）第523页。

我们中国的文武官，还正在那里聚精会神兴高采烈地弄那造孽的钱，预备一辈子享用，子孙万代享用。他们哪里知道什么社会革命！他们哪里听见什么贫民的哭声！就是听了那可怜的哭声，也只笑着说道：这是他们命该如此！

《贫民的哭声》，《陈独秀著作选》（一），第 533 页。

征之吾国经济现象，果如何乎？功利货殖，自古为羞；养子孝亲，为毕生之义务：此道德之害于经济者也。债权无效，游惰无惩：此法律之害于经济者也。官吏苛求，上下无信；姬妾仆从，漫无限制：此政治之害于经济者也。并此数因，全国之人，习为游惰：君子以闲散鸣高，遗累于戚友；小人以骗盗糊口，为害于闾阎。生寡食众，用急为舒。于此经济竞争剧烈之秋……立国，不其难乎？

《今日之教育方针》，《陈独秀著作选》（一），第 145 页。

中国人民简直是一盘散沙，一堆蠢物，人人怀着狭隘的个人主义，完全没有公共心，坏的更是贪贿卖国，盗公肥私，这种人早已实行了不爱国主义。

《随感录·卑之无甚高论》，《陈独秀著作选》，（二）第287页。

人秉自然，贪残成性，即有好善利群之知识，而无抵抗实行之毅力，亦将随波逐流，莫由自拔；矧食色根诸天性，强言不欲，非伪即痴。然纵之失当，每为青年堕落之源。

《抵抗力》，《陈独秀著作选》（一）第151页。

吾国社会恶潮流势力之大，与夫个人抵抗此恶潮流势力之薄弱，相习成风，廉耻道丧，正义消亡，乃以铸成今日卑劣无耻退葸苟安诡易圆滑之国民性！呜呼，悲哉！

《抵抗力》，《陈独秀著作选》（一），第153页。

人而无信，不独为道德之羞，亦且为经济之累。政府无信，则纸币不行，内债难得……人民无信，则非独资无由创业。当此工商发达时代，非资本集合，必不适于营业竞争。

《我之爱国主义》，《陈独秀著作选》（一），第212页。

吾国人之视集资创业也，不啻为骗钱之别名。由是全国资金，皆成死物，绝无流通生长之机缘。

《我之爱国主义》，《陈独秀著作选》（一），第212页。

民信不立，国之金融，决无起死回生之望。政府以借债而存，人民以盗窃而活，由贫而弱，由弱而亡，讵不滋痛！

《我之爱国主义》，《陈独秀著作选》（一），第212页。

今人所见德育无胜于前代者，有二原因：其一由于人口加增，经济制度未及改良，富力失其均平，金钱造成罪恶，此非高谈道德所可补救者也；其一由于社会已成之道德，不克范围今日之人心……罪恶是非之辨，遂纷不可理。……欲救斯弊，第一当改良社会经济制度，不使不道德之金钱造成社会种种罪恶。第二当排斥社会已成之道德，而尊行真理，不使不道德之道德，演成社会种种悲剧。

《答程师葛》，《新青年》第 2 卷第 1 号，1916 年 9 月 1 日出版。

吾可敬可爱之青年君乎！倘自认为二十世纪之新青年，头脑中必斩尽涤绝彼老者壮者及比诸老者壮者腐败堕落诸青年之做官发财思想，精神上别构真实新鲜之信仰，始得谓为新青年而非旧青年，始得谓为真青年而非伪青年。

《新青年》，《陈独秀著作选》（一），第 185 页。

呜呼！金钱罪恶，万方同慨。然中国人之金钱罪恶，与欧美人之金钱罪恶不同，而罪恶尤甚。以中国人专以造罪恶而得金钱，复以金钱造成罪恶也。

《我之爱国主义》，《陈独秀著作选》（一），第209页。

有钱可图，便无恶不作。古人云："文官不爱钱，武官不怕死，则天下治矣。"不图今之武官，既怕死又复爱钱……文武官吏，及假口创办实业之奸人，盗取多金，荣归乡里，俨然以巨绅自居者，不可胜数，社会亦优容之而不以为怪。

《我之爱国主义》，《陈独秀著作选》（一），第209页。

发财本非恶事，个人及社会之生存与发展，且以生产殖业为重要之条件；唯中国式之发财方法，不出于生产殖业，而出于苟得妄取，甚至以做官为发财之捷径，猎官

摸金，铸为国民之常识，为害国家，莫此
为甚。

《新青年》，《陈独秀著作选》（一），第 186 页。

内心之不洁，尤令人言之恐怖。经数
千年之专制政治，自秦政以讫洪宪皇帝，
无不以利禄奔走天下。吾国民遂沉迷于
利禄而不自觉。卑鄙龌龊之国民性，由
此铸成。

《我之爱国主义》，《陈独秀著作选》（一），第 210 页。

吾人无宗教信仰心，有之则做官耳……
大小官吏，相次依附，存亡荣辱，以此为衡。
婢膝奴颜，以为至乐。食力创业，乃至高尚
至清洁适于国民实力伸张之美德，而视为天
下之至贱，不屑为也。农弃畎亩以充厮役，
工商弃其行业以谋差委，士弃其学以求官，
驱天下生利有业者，而为无业分利之游民，

皆利禄之见为之也。

《我之爱国主义》，《陈独秀著作选》（一），第210页。

闻今之北京求官谋事者……其少数中未必无富有学识经验之人，可以自力经营相当事业者；而必欲投身宦海，自附于摇尾磕头之列，毋亦利禄之心重，而不知食力创业为可贵也。

《我之爱国主义》，《陈独秀著作选》（一），第210—211页。

不能食力者，必食他人之食；不思创业者，自绝生利之途。民德由之堕落，国力由之衰微。此于一群之进化，关系匪轻，是以爱国志士，宜使身心俱洁。

《我之爱国主义》，《陈独秀著作选》（一），第211页。

我们中国人，从娘胎一直到进棺材，只

知道混自己的功名富贵，至于国家的治乱，有用的学问，一概不管，这便是人才缺少、国家衰弱的原因。

《论戏曲》，《陈独秀著作选》（一），第 89 页。

今之人心堕落，强半由灰心偷惰而来。人无爱群向上之心，故不恤倒行逆施，以取富贵。

《答李大槐》，《陈独秀著作选》（一），第 163 页。

我看见多少青年，饮食起居，婚丧酬应，都想着朝阔处办才有面子，他眼中的朴素生活，大约是很寒酸可耻……因为喜欢朝阔处办，才破坏了家产，牺牲了气节，辱没了人格，造成了痛苦。

《随感录·阔处办》，《新青年》第 7 卷第 2 号，1920 年 1 月出版。

奢侈之为害，自个人言之，贪食渔色，戕害其生，奢以伤廉，堕落人格。

《我之爱国主义》，《陈独秀著作选》（一），第 208 页。

世之倒行逆施者，非必皆丧心病狂，恒以生活习于奢华，不得不捐耻昧心，自趋陷阱。

《我之爱国主义》，《陈独秀著作选》（一），第 208 页。

自国家社会言之，俗尚奢侈，国力虚耗。在昔罗马、西班牙之末路，可为殷鉴。

《我之爱国主义》，《陈独秀著作选》（一），第 208 页。

吾华惰民，即不终朝闲散，亦不解时间上之经济为何事，可贵有限之光阴，掷之闲谈而不惜焉，掷之博弈而不惜焉，掷之睡眠宴饮而不惜焉。

《我之爱国主义》，《陈独秀著作选》（一）第 208 页。

劳动神圣，晰族（白种人——编者）之恒言；养尊处优，吾华之风尚。中人之家，亦往往仆婢盈室；游民遍国，乞丐载途。美好丈夫，往往四体不勤，安坐而食他人之食。自食其力，乃社会有体面者所羞为，宁甘厚颜以仰权门之余沥。呜呼！人力废而产业衰，产业衰而国力瘵，爱国君子，必尚乎勤。

《我之爱国主义》，《陈独秀著作选》（一），第208页。

我们中国人，无论穷富老幼，都要白费银钱，办些无益的事……就是敬菩萨了。……哪佛像是人做成的，并不是真佛，真佛的经上，明明说无我相，我们反要造一个佛相来拜，岂不是和佛教大相反背了吗？

《恶俗篇》，《陈独秀著作选》（一），第46页。

白费些银钱，来烧香敬佛，更是不通的事。佛教最讲究讨饭觅食，搭救众生，哪肯叫天下人都因为敬菩萨烧香烧穷了么。

《恶俗篇》,《陈独秀著作选》（一）,第 46 页。

　　花费许多冤枉钱,无非是想发财发福,求子求寿。其实香烧过了,钱花尽了,还是不发财,不发福,不得子,不长寿的,也不知有多少。

《恶俗篇》,《陈独秀著作选》（一）,第 47 页。

　　菩萨是断断敬不得的了,不如将那烧香打醮做会做斋的钱,多办些学堂,教育出人才来整顿国家,或是办些开垦、工艺、矿务诸样有益于国、有利于己的事,都比敬菩萨有效验多了。

《恶俗篇》,《陈独秀著作选》（一）,第 49 页。

　　大家意见不同,甚至于利害不同,据理

争辩或据事攻击都是可以的，造谣中伤是不可以的。

《我们对于造谣中伤者之答辩》，《陈独秀著作选》（二），第825页。

大凡一个怯懦的个人或民族，对于敌人每每缺乏公开争斗的勇气，他们最得意的手段，是藏在暗中造谣中伤。

《寸铁·造谣中伤》，《陈独秀著作选》（二），第642页。

2. 政党腐败

至于政党，我们也承认他是运用政治应有的方法；但对于一切拥护少数人私利或一阶级利益，眼中没有全社会幸福的政党，永远不忍加入。

《〈新青年〉宣言》，《陈独秀著作选》（二），第41页。

有产阶级各政党的过去的成绩，造谣、倾陷、贿卖、假公肥私、争权夺利、颠倒是非、排斥异己，不分东方西方都在百步五十步之间。以这班狐群狗党担负政治的责任，政治岂有不腐败之理。

《随感录·政治改造与政党改造》，《陈独秀著作选》（二），
第289页。

共产党的基础建筑在无产阶级上面，在理论上，自然要好过基础建筑在有产阶级上面用金力造成的政党。但是天下事"无征不信，不信民弗从"，旧政党的腐败诚然是信而有征，新的共产党究竟如何，全靠自己做出证据来才能够使人相信啊！

《随感录·政治改造与政党改造》，《陈独秀著作选》（二），
第289页。

凡是一个真正的革命党，不分在野在朝，对民众应该取这样真诚的态度，并不是在野时便可以故意向左一点，任意发出些不负责任的支票以取悦民众；一旦在朝便向右转，另摆出一副面孔，以前发出的支票一概不兑现或者大折其折扣。

《革命与民众》，《陈独秀著作选》（二），第1185页。

革命党应该始终以民众的真实利益为前提，万分不应该以自己在朝在野为前提，致前后易其态度，或者是一个党分在朝在野两样态度，一个党前后两样态度或同时两样态度，无非都是欺骗民众，欺骗民众者终于不能得到民众。

《革命与民众》，《陈独秀著作选》（二），第1185—1186页。

并不是单靠军事的胜利，赶走敌人，占住政治机关，革命党做了官，便算是政治的胜利。

《革命与民众》，《陈独秀著作选》（二），第1184页。

服从和牺牲的精神，必须具有这两种精神才能算是一个革命党员，必须多数党员具有这两种精神才能算是一个革命的党。

《国民党之模范的改选》，《陈独秀著作选》（二），第 623 页。

一般人民虽然都有选举、被选举权，但实际上被选举的究竟多是政党；一般人民虽然都有参与政治的权利，但实际上处理政务、直接担负政治责任的究竟还是政党，所以政党不改造，政治决没有改造的希望。

《政治改造与政党改造》，《陈独秀著作选》（二），第 289 页。

凡一党一派人之所主张，而不出于多数国民之运动，其事每不易成就，即成就矣，而亦无与于国民根本之进步。

《一九一六年》，《陈独秀著作选》（一），第 173 页。

阶级之别，各树其党。即政党成立以后，党见舆论，亦未可始终视为一物。党见乃舆论之一部分而非全体，党见乃舆论之发展而非究竟。从舆论以行庶政，为立宪政治之精神。蔑此精神，则政乃苛政，党乃私党也。

《答汪叔潜》，《陈独秀著作选》（一），第202页。

我们中国人无论何党何派，自己甘心在野，容让敌党执政的雅量，实在缺乏的很。老实说一句：一碗饭要大家吃，若想一人独吃，势必大家争夺，将饭碗打破，一个人也吃不成！

《今日中国之政治问题》，《陈独秀著作选》（一）第386页。

3.民主主义是防止社会主义国家专制腐败的唯一出路

没有民主制做官僚制之消毒素，也只是

世界上出现了一些史大林式的官僚政权，残暴、贪污、虚伪、欺骗、腐化、堕落，决不能创造甚么社会主义。

《我的根本意见》，《陈独秀著作选》（三），第560页。

应该在行动上抛弃封建时代军事专政的万恶制度，他们政权所及之地，务须使地方政治尽可能的民主化；而且在事实上，贪官污吏是中国政治之致命伤，只有政治民主化可望救济，军事专政正是贪官污吏藏身之所。

《我们现在为什么争斗?》，《陈独秀著作选》（二），第1110页。

在任何军事独裁的局面之下，都有培养贪官污吏之必然性；这是因为军事独裁局面之军事首领，不受民众或党的任何制裁，拥有无上威权……在这样贪官污吏横行无忌和民怨沸腾的局面下，还说得上什么民主。

《革命与武力》，《向导》，第 179 期，1926 年 12 月 23 日出版。

我们中国人腐败、堕落，精神上物质上都到了破产的运命。最后的希望，就是想随着全人类大改造的机会，来做鼓吹这大改造的新思潮新文化运动，或者是起死回生的一线生机。

《告新文化运动的诸同志》，《陈独秀著作选》（二）第 82 页。

共产党党员自身若有利用劳动运动而做官而发财的行为，或当劳动运动危急时畏缩不前，共产党便应该立刻驱逐这种败类的党员出党而毫不顾恤。必如此才算是真的共产党，不然便是假共产党。

《共产党在目前劳动运动中应取的态度》，《陈独秀著作选》（二），第 367 页。

革命是不能没有武力的；可是革命的武力至少必须与民众合作，必须受民众的和党的制裁，才能够免除形成军事独裁走到反民众利益那边去的危险。

《革命与武力》，《陈独秀著作选》（二），第 1145 页。

所谓"全体人民"只是一个抽象名词，并不是一个具体的表现，所以人们往往欺负他不能够具体的站出来说话，可以任意利用他。

《评蒋介石三月七日之演讲》，《陈独秀著作选》（二），第 1230 页。

野蛮的军人，腐败的官僚，都是国民之仇敌。

《随感录·军人与官僚》，《陈独秀著作选》（一），第 440 页。

彻底的觉悟只有我们自己可靠。不管他们怎样横暴贪污，只要我们自己万万不可再像他们那样横暴贪污，从自己个人起，要造成完全公正廉洁的人格，再由自己个人延长渐渐造成公正廉洁的社会。

《随感录·段派、曹陆、安福俱乐部》，《新青年》第7卷第1号，1919年12月出版。

我们国里的贪官污吏对于人民欺压敲诈，是世界各国中最可怕的地方……大概十本书也写不尽；然而侨胞断不应该因此对于祖国失望灰心！

《敬告侨胞》，《陈独秀著作选》（三），第501页。

人民是国家的主人，官吏是国家的公仆，公仆不良，主人有权利起来赶走他们！不起来赶走他们，是人民自暴自弃；失望灰心，更是自杀！

《敬告侨胞》，《陈独秀著作选》（三），第501页。

（贪官污吏）虽然是些公仆，而有了累代

传袭的权威，"奴欺主"的局面已非一日了，赶走一批，又来一批，根本解决，只有主人渐渐起来亲理家政；主人能分神亲理家政一分，公仆的权威便自然减少一分。

《敬告侨胞》，《陈独秀著作选》（三），第 501 页。

有许多学生，在学校读书时，品行很纯洁，志趣很高尚，很是一个有希望的青年，一旦出了学校，入了社会，马上就变成一个胸中无主的人，在社会里混久了，会变成一个毫无希望的恶人。

《新教育是什么?》，《陈独秀著作选》（二），第 234 页。

（七）改革

1.改革是社会进化的必然

人类社会因治生方法不断的进步，他们经济的及政治的组织遂随之不断的进步。在这不断的进步之过程中，保守者与改革者亦即压迫者与被压迫者两方面，自然免不了不断的争斗；每个争斗的结果，后者恒战胜前者，人类社会是依这样方式进步的。

《对于现在中国政治问题的我见》，《陈独秀著作选》（二），

第373页。

在事实上看起来，自从始祖以至现在，我们个人的肉体、精神，和社会的组织，都曾经时时努力时时改造时时进化，未尝间断。

《我们应该怎样?》，《陈独秀著作选》（一），第 523 页。

守旧或革新的国是，倘不早早决定，政治上社会上的矛盾、紊乱、退化，终久不可挽回！

《今日中国之政治问题》，《陈独秀著作选》（一），第 387 页。

人类本性上黑暗方面一日不扫除干净，个人的努力改造一日不能休息。一民族不努力改造，一民族必堕落以至灭亡……我们应该把"爱世努力的改造主义"当作社会中个人普通的唯一信仰。

《我们应该怎样?》，《陈独秀著作选》（一），第 524 页。

不进则退，中国之恒言也。自宇宙之根本大法言之，森罗万象，无日不在演进之途，万无保守现状之理。

《敬告青年》，《陈独秀著作选》（一），第 131 页。

以人事之进化言之：笃古不变之族，日就衰亡；日新求进之民，方兴未已；存亡之数，可以逆睹。矧在吾国，大梦未觉，故步自封，精之政教文章，粗之布帛水火，无不相形丑拙，而可与当世争衡？

《敬告青年》，《陈独秀著作选》（一），第 131 页。

其不能善变而与之俱进者，将见其不适环境之争存，而退归天然淘汰已耳！

《敬告青年》，《陈独秀著作选》（一），第 132 页。

文明进化之社会，其学说之兴废，恒时

时视其社会之生活状态为变迁。

《孔子之道与现代生活》，《陈独秀著作选》（一），第 231 页。

宇宙间精神物质，无时不在变迁即进化之途。道德彝伦，又焉能外？"顺之者昌，逆之者亡"，史例俱在，不可谓诬。

《孔子之道与现代生活》，《陈独秀著作选》（一），第 231 页。

世间有没有万古不易的东西，终极的理想是什么，我们似乎不必作此无益的推敲；我们应该努力去做的有益事业只有说明现在社会里已有的毛病，建设最近的将来比较善良的社会。

《答郑贤宗》，《陈独秀著作选》（二），第 194 页。

国人进化之迟钝者，正以囿于现象之故。所谓国粹，所谓国情，所谓中西文化不同，所谓人民程度不足，所谓事实上做不到，所谓勿偏于理想……是皆囿于现象者之心理也。一切野蛮风俗，皆为此等心理而淹留。一切文明制度，皆为此等心理所排弃……此等心理，关系中国前途甚大。

《答毕云程》，《陈独秀著作选》（一），第249页。

吾华国于亚洲之东，为世界古国之一，开化日久，环吾境者皆小蛮夷，闭户自大之局成，而一切学术政教，悉自为风气，不知其他。

《吾人最后之觉悟》，《陈独秀著作选》（一），第175页。

今日庄严灿烂之欧洲，何自而来乎？曰，革命之赐也。欧语所谓革命者，为革故更新之义，与中土所谓朝代鼎革，绝不相类；故自文艺复兴以来，政治界有革命，宗教界有革命，伦理道德亦有革命，文学艺术，亦莫不有革命，莫不因革命而新兴而进化。

《文学革命论》，《陈独秀著作选》（一），第 260 页。

"维持现状"四字，为致吾国亡种促之唯一不祥语，以今之现状，乃国亡种促之现状，绝对不可维持者也。

《对德外交》，《陈独秀著作选》（一），第 270 页。

革命者，一切事物革故更新之谓也。中国政治革命，乃革故而未更新。严格言之，似不得谓之革命。

《答卓鲁》，《陈独秀著作选》（一），第 333 页。

我们相信世界各国政治上、道德上、经济上因袭的旧观念中，有许多阻碍进化而且不合情理的部分。我们想求社会进化，不得不打破"天经地义"、"自古如斯"的成见；决计一面抛弃此等旧观念，一面综合前代贤哲当代贤哲和我们自己所想的，创造政治上、道德上、经济上的新观念，树立新时代的精神，适应新社会的环境。

《〈新青年〉宣言》，《陈独秀著作选》（二），第40页。

2.改革是一个激烈斗争的过程

从革命发生起，一直到私有财产实际归公，必然要经过长久的岁月……在这长久的岁月间，无论何时都有发生阴谋使资本制度死灰复燃甚至于恢复帝制的可能，我们不可把社会改造看得太简单、太容易了。

《答郑贤宗》，《陈独秀著作选》（二）第196页。

旧文学，旧政治，旧伦理，本是一家眷属，固不得去此而取彼；欲谋改革，乃畏阻力而迁就之，此东方人之思想，此改革数十年而毫无进步之最大原因也。

《答易宗夔》，《陈独秀著作选》（一），第 408 页。

举凡吾之历史，吾之政治，吾之社会，吾之家庭，无一非暗云所笼罩；欲一一除旧布新，而不为并世强盛之民所兼，所攻，所食，固非冒万险，排万难，莫由幸致。

《抵抗力》，《陈独秀著作选》（一），第 153 页。

共和建设之初，所以艰难不易实现①，往往复反专制或帝制之理由，乃因社会之惰力，阻碍新法使不易行，非共和本身之罪也。

《驳康有为〈共和平议〉》，《陈独秀著作选》（一），第 352—353 页。

---

① "实现"一词原为：现实。——编者

吾人创业艰难，即一富厚之家，亦非万苦千辛莫致；况共和大业，欲不任极大痛苦，供极大牺牲而得之者，妄也。其痛苦牺牲之度，以国中反对共和之度为正比例。

《驳康有为〈共和平议〉》，《陈独秀著作选》（一），第353页。

3.制度改革是重中之重

改造社会自然应该从大处着想，自然应该在改革制度上努力，如此我们的努力才是经济的。但是不可妄想制度改革了样样事便立刻会自然好起来。只可说制度不改，我们的努力恐怕有许多是白费了，却不可说制度改了，我们便不须努力。

《懒惰的心理》，《新青年》第8卷第2号，1920年10月出版。

历史上一切制度的变化是随着经济制度

的变化而变化的。我们因为这个要义的指示，在创造将来的历史上，得了三个教训：（一）一种经济制度要崩坏时，其他制度也必然要跟着崩坏，是不能用人力保护的；（二）我们对于改造社会的主张，不可蔑视现社会经济的事实；（三）我们改造社会应当首先从改造经济制度入手。

《答蔡和森》，《陈独秀著作选》（二）第 316 页。

国民革命成功后，中国的经济制度，自然是家庭的手工业与农业、小生产制、私人资本主义的大生产制、国家资本主义等，四种并行。我们所谓采用何种经济制度，并不是说只采用那一种而禁绝其余一切，乃是说采用某一种为全社会中主要的生产制度。

《答沈滨祈、朱近赤》，《陈独秀著作选》（二），第 1238 页。

国民革命成功后之建设时期，也必然是

革命的民主的民众政权，而不是无产阶级专政，并且还不是工农政府；在那时革命的民主的民众政权之下，中国的资本主义当然要发展起来，也只有到那时，真正中国的资本主义才能够自由发展。我们不是乌托邦的社会主义者，决不幻想不经过资本主义，而可以由半封建的社会一跳便到社会主义的社会。

《我们现在为什么争斗？》，《陈独秀著作选》（二）第 1109 页。

古今万国，政体不齐，治乱各别。其拨乱为治，罔不舍旧谋新，由专制政治，趋于自由政治；由个人政治，趋于国民政治；由官僚政治，趋于自治政治：此所谓立宪制之潮流，此所谓世界系之轨道也。

《吾人最后之觉悟》，《陈独秀著作选》（一），第 177—178 页。

进化公例，适者生存。凡不能应四周情况之需求而自处于适宜之境者，当然不免于灭亡……吾国欲图世界的生存，必弃数千年相传之官僚的专制的个人政治，而易以自由的自治的国民政治也。

《吾人最后之觉悟》，《陈独秀著作选》（一），第 178 页。

吾人果欲于政治上采用共和立宪制，复欲于伦理上保守纲常阶级制，以收新旧调和之效，自家冲撞，此绝对不可能之事。盖共和立宪制，以独立平等自由为原则，与纲常阶级制为绝对不可相容之物，存其一必废其一。

《吾人最后之觉悟》，《陈独秀著作选》（一），第 179 页。

社会的进步不单是空发高论可以收效的，必须有一部分人真能指出现社会制度的弊病，用力量把旧制度推翻，同时用力量把新制度建设起来，社会才有进步。

《随感录·革命与制度》《陈独秀著作选》（二），第 288 页。

4.政党改造是社会改革的希望

一般人民虽然都有参与政治的权利，但实际上处理政务直接担负政治责任的究竟还是政党；所以政党不改造，政治决没有改造的希望。

《随感录·政治改造与政党改造》，《陈独秀著作选》（二），第289页。

社会中坚分子，应该挺身出头，组织有政见的有良心的依赖国民为后援的政党，来扫荡无政见的无良心的依赖特殊势力为后援的狗党。

《除三害》，《陈独秀著作选》（一），第451页。

社会中有勇气和自信心的先知先觉，应该用个人的努力，渐渐减少人性黑暗的方面，渐渐发展人性光明的方面……我总相信由我们个人的努力，拿光明的方面去改造那黑暗的方面，不见得是绝对不可能的事。

《我们应该怎样?》,《陈独秀著作选》(一)，第 522—523 页。

列（宁）·托（洛茨基）之见解，在本国不合，在俄国及西欧又何尝正确？弟（指陈独秀本人——编者）主张重新估定布尔什维克的理论及其人物（老托也在内）之价值，乃为一班"俄迷"尤其吃过莫斯科面包的朋友而发。在我自己则已估定他们的价值。我认为纳粹是普鲁士与布尔什维克之混合物。弟评论他们都用科学的态度，并非依任何教派的观点。

《致郑学稼信》,《陈独秀著作选》(三)，第 528 页。

一个阶级一个党派的理想比较是静的，社会现象比较是动的。以静的阶级党派理想应付动的社会变化，便往往因前后对象不同，一个阶级一个党派在前是革命的，在后是反革命的。

《革命与反革命》，《陈独秀著作选》（二），第403页。

革命既是社会组织进化过程中之顿变的现象，则革命必以不违反进化社会组织为条件，反革命必以违反进化为条件，内乱乃以社会组织之进化或退化两无主义为条件。

《革命与反革命》，《陈独秀著作选》（二），第402页。

革命者、反革命者及批评家都应该明白了解革命与进化之关系，对于一个革命运动都应该以他的内容及起因或结果是否有进化的意义定功罪，不应该以他的行为者属何阶级何党派定是非。

《革命与反革命》，《陈独秀著作选》（二），第403页。

5.改革方法漫议

我们改造社会是要在实际上把他的弊病一点一滴、一桩一件、一层一层渐渐地消灭去，不是用一个根本改造的方法，能够叫他立时消灭的；更不是单单在理论上笼统的否认他，他便会自然消灭的。

《答郑贤宗》，《陈独秀著作选》（二），第 194 页。

自然科学的公式有时还可推翻，社会科学的公式更脆弱得多，历史是不会重演的，拿旧的公式当作万应丸，永久演绎的用在现时日益变动复杂的事件上，自然牛头不对马嘴。

《给连根的信》，《陈独秀著作选》（三），第 548 页。

国家制度，犹之私人行为，舍短取长，

断无取法一国之事。

《驳康有为〈共和平议〉》，《陈独秀著作选》（一），第366页。

新旧因调和而递变，无显明的界线可以截然分离，这是思想文化史上的自然现象，不是思想文化本身上新旧比较的实质。这种现象是文化史上不幸的现象，是人类惰性的作用；这种现象不但在时间上不能截然分离，即在空间上也实际同时存在。

《随感录·调和论与旧道德》，《陈独秀著作选》（二），第45页。

同一民族中，各社会各分子思想文化的新旧，也不能用时代划分，这等万有不齐新旧杂糅的社会现象，乃是因为人类社会中惰性较深的劣等民族劣等分子，不能和优级民族优级分子同时革新进化的缘故。

《随感录·调和论与旧道德》，《陈独秀著作选》（二），第45页。

我们抱着改良社会志愿的人，固然可以据进化史上不幸的事实，叙述他悲悯他实在是如此，不忍心幸灾乐祸得意扬扬的主张他应该如此。

《随感录·调和论与旧道德》，《陈独秀著作选》（二）第 46 页。

小农的中国，自耕农居半数以上，这种小资产阶级他们私有权的观念异常坚固，如何能做共产主义的运动……只有国民运动能打倒军阀，开辟我们共产运动的途径。

《答李子芬》《陈独秀著作选》（二），第 532 页。

"社会生活向上"是我们的目的，政治、道德、经济的进步，不过是达到这目的的各种工具。政治虽是重要的工具……别拿工具当目的，才可以改良出来适合我们目的的工具；我敢说最进步的政治，必是把社会问题放在重要地位。

《实行民治的基础》，《陈独秀著作选》，（二）第 29 页。

我们若不能否认相爱、互助，及分别抉择善恶的心灵作用，也是一种人性的本能，便不能断定没有改造的希望。况且我们自己既然发见了自己堕落以至灭亡的原因，这就是人类最可宝贵的心灵作用，这就是人类或者不至灭亡的幸运，这就是我们自己有改造自己的可能性的证据。

《我们应该怎样?》，《陈独秀著作选》（一），第 523 页。

至于生活困难，大部分是因为社会组织及经济制度不良，和人类本性上的黑暗无关，更没有不能改造的道理。

《我们应该怎样?》，《陈独秀著作选》（一），第 523 页。

努力改造纵然不能将人性上黑暗方面和烦闷生活完全扫除，总可以叫他比现在逐渐减少，除此便没有救济堕落以至灭亡的方法。

《我们应该怎样?》，《陈独秀著作选》（一），第524页。

今日之社会制度，人心思想，悉自周汉两代而来——周礼崇尚虚文，汉则罢黜百家而尊儒重道——名教之所昭垂，人心之所祈向，无一不与社会现实生活背道而驰。倘不改弦更张之，则国力莫由昭苏，社会永无宁日。

《敬告青年》，《陈独秀著作选》（一）第134页。

伦理问题不解决，则政治学术，皆枝叶问题。纵一时舍旧谋新，而根本思想，未尝变更，不旋踵而仍复旧观者，此自然必然之事也。

《宪法与孔教》，《陈独秀著作选》（一），第224页。

一种学说，一种生活状态，用之既久，其精力低行至于水平，非举其机械改善而更新之，未有不失其效力也。

《孔子之道与现代生活》，《陈独秀著作选》（一），第 231 页。

革命应以社会组织进化为条件，不应以武力暴动为特征。

《革命与反革命》，《陈独秀著作选》（二），第 405 页。

革命的目的是除旧布新，是要革去旧的换新的，是要从坏处向好处革，若用极恶劣的分子来革命，便是从好处向坏处革了；那么，我们为什么要革命？

《随感录·革命与作乱》，《陈独秀著作选》（二）第 218—219 页。

人类进化有两种形式：一是循序的进化，一是跳跃的进化。循序的进化是依一般进化的阶段，循序渐进；跳跃的进化是跳过中间阶段，突然进化到较高的阶段……每个民族客观上和主观上的力量，固然能够使循序的进化比较的加速，而跳跃的进化则大半由于外界的影响。

《资本主义在中国》，《陈独秀著作选》（三），第 497 页。

万邦并立，动辄相关，无论其国若何富强，亦不能漠视外情，自为风气。各国之制度文物，形式虽不必尽同，但不思驱其国于危亡者，其遵循共同原则之精神，渐趋一致，潮流所及，莫之能违。于此而执特别历史国情之说，以冀抗此潮流，是犹有锁国之精神，而无世界之智识。国民而无世界智识，其国将何以图存于世界之中？

《敬告青年》，《陈独秀著作选》（一），第 133 页。

6."开明专制"是改革到达民主政治的必经之路

中国改造非经过开明专制的程叙不可。其实名称其实的开明专制不是容易的事。

《答张崧年》，《陈独秀著作选》（二），第 291 页。

我敢大胆宣言：非从政治上教育上施行严格的干涉主义，我中华民族的腐败堕落将永无救治之一日；因此我们唯一的希望，只有希望全国中有良心有知识有能力的人合拢起来，早日造成一个名称其实的"开明专制"之局面，好将我们从人类普通资格之水平线以下救到水平线以上。

《随感录·中国式无政府主义》，《陈独秀著作选》（二），第 283 页。

施行这严格的干涉主义之最大障碍，就是我们国民性中所含的懒惰放纵不法的自由思想；铸成这腐败堕落的国民性之最大原因，就是老、庄以来之虚无思想及放任主义。

《随感录·中国式无政府主义》，《陈独秀著作选》（二），
第 283 页。

我们现在的至急需要，是在建立一个比较最适于救济现社会弊病的主义努力改造社会；虚无主义及任自然主义，都是叫我们空想、颓唐、紊乱、堕落、反古。

《虚无的个人主义及任自然主义》，《新青年》第 8 卷第 4 号，
1920 年 12 月出版。

愚昧无知者无论矣，即曲学下流，合污远祸，毁节求荣者，亦尚不足深责；吾人所第一痛心者，乃在抵抗力薄弱之贤人君子。其始也未尝无推倒一时之慨，澄清天下之心，然一遇艰难，辄自沮丧；上者愤世自杀；次者厌世逃禅；又其次者，嫉俗隐遁；又其次者，酒博自沈。此四者，皆吾民之硕德名流，而如此消极，如此脆弱，如此退葸，如此颓唐，

驯致小人道长，君子道消，天地易位……

《抵抗力》，《陈独秀著作选》（一），第153页。

　　自觉勇于奋斗之青年，发挥人间固有之智能，抉择人间种种之思想——孰为新鲜活泼而适于今世之争存，孰为陈腐朽败而不容留置于脑里——利刃断铁，快刀理麻，决不作迁就依违之想，自度度人，社会庶几其有清宁之日也。

《敬告青年》，《陈独秀著作选》（一），第130页。

（八）法治

1. 法治国的最大精神是"法律面前，人人平等"

所谓法治国者，其最大精神，乃为法律之前，人人平等，绝无尊卑贵贱之殊。

《宪法与孔教》，《陈独秀著作选》（一），第 226 页。

国家、权力、法律，这三样本是异名同实。无论何时代的法律，都是一阶级一党派的权力造成国家的意志所表现，我们虽然应该承认他的威权，但未可把他看成神圣；因为他不是永远的真理，也不是全国民总意的表现，他的存废是自然跟着一阶级一党派能够造成国家的权力而变化的。

《对于时局的我见》，《陈独秀著作选》（二），第 166 页。

想改用立宪共和制度，就应该尊重民权、法治、平等的精神；什么大权政治，什么天神，什么圣王，都应该抛弃。若觉得神权君权为无上治术，那共和立宪，便不值一文。

《今日中国之政治问题》，《陈独秀著作选》（一），第 386 页。

今之宪法，无非采用欧制，而欧洲法制之精神，无不以平等人权为基础。

《宪法与孔教》，《陈独秀著作选》（一），第 229 页。

2.法治，依靠多数国民的自觉，不能靠政府与
政党

　　所谓立宪政体，所谓国民政治，果能实现与否，纯然以多数国民能否对于政治，自觉其居于主人的主动的地位为唯一根本之条件。自居于主人的主动的地位，则应自进而建设政府，自立法度而自服从之，自定权利而自尊重之。

《吾人最后之觉悟》，《陈独秀著作选》（一），第 178 页。

　　宪政实施有二要素：一曰庶政公诸舆论，一曰人民尊重自由。否则虽由优秀政党掌握政权，号称政党政治则可，号称立宪政治则犹未可。以其与多数国民无交涉也。

《答汪叔潜》，《陈独秀著作选》（一），第 202 页。

（八）法治

今之所谓共和，所谓立宪者，乃少数政党之主张，多数国民不见有若何切身利害之感而有所取舍也。盖多数人之觉悟，少数人可为先导，而不可为代庖。共和立宪之大业，少数人可主张，而未可实现。人类进化恒有轨辙可寻，故予于今兹之战役，固不容怀悲观而取卑劣之消极态度，复不敢怀乐观而谓可踌躇满志也。

《吾人最后之觉悟》，《陈独秀著作选》（一），第 177 页。

倘立宪政治之主动地位属于政府而不属于人民，不独宪法乃一纸空文，无永久厉行之保障，且宪法上之自由权利，人民将视为不足重轻之物，而不以生命拥护之，则立宪政治之精神完全丧失矣。

《吾人最后之觉悟》，《陈独秀著作选》（一），第 178 页。

立宪政治而不出于多数国民之自觉，多

数国民之自动，唯日仰望善良政府，贤人政治，其卑屈陋劣，与奴隶之希冀主恩，小民之希冀圣君贤相施行仁政，无以异也。

《吾人最后之觉悟》，《陈独秀著作选》（一），第 178 页。

共和宪政，非政府所能赐予，非一党一派所能主持，更非一二伟人大老所能负之而趋。共和立宪而不出于多数国民之自觉与自动，皆伪共和也，伪立宪也，政治之装饰品也。

《吾人最后之觉悟》，《陈独秀著作选》（一），第 178 页。

既为法治家庭，则亲子昆季夫妇，同为受治于法之一人，权利义务之间，自不得以感情之故，而有所损益。

《东西民族根本思想之差异》，《陈独秀著作选》（一），
第 167—168 页。

（九）民主

1.民主主义是人类进步的一种动力

民主主义乃是人类进步之一种动力。

《无产阶级与民主主义》,《陈独秀晚年著作选》,第411页。

民主是自从古代希腊、罗马以至今天、明天、后天,每个时代被压迫的大众反抗少数特权阶层的旗帜,并非仅仅是某一特殊时代的历史现象,并非仅仅是过了时的一定时代中资产阶级统治形式。

《给西流的信》,《陈独秀著作选》(三),第 554 页。

人类社会之进步,虽不幸而有一时的曲折,甚至于一时的倒退,然而只要不是过于近视的人,便不能否认历史的大流,终于是沿着人权民主运动的总方向前进的。

《孔子与中国》,《陈独秀著作选》(三),第 389 页。

2. 衡量真假民主主义的标准

"真"的民主政治和"伪"的民主政治之区别乃在:前者是利于被榨取者大多数人的民主政治,后者是利于榨取者极少数人的民主政治。

《我们要怎样的民主政治?》,《陈独秀著作选》(三),第 285 页。

离开了实际政治组织和由哪些人来掌握国家的权力这样一针见血的问题，什么"以大多数人民为基础"，什么"人民是国家的主人"，这类话都空洞而无实际意义。

《我们要怎样的民主政治?》，《陈独秀著作选》（三），第281页。

无产阶级的苏维埃政制，并不是以专政代替了民主。（简单地以为专政代替民主，此史大林官僚专政所以发生之最大因由。）这是全世界无产阶级所万不可忽视的一件大事。

《关于民主主义的几点根本思想》，《陈独秀晚年著作选》，第418页。

应该在思想上抛弃仁爱、爱民、保民、救民这类论调；仁爱、爱民、保民、救民，这都是封建时代圣君贤相的所谓仁政，真民主主义者，应该走到人民中去，引导人民自己奋斗，不应该高居人民之上、来爱他们保他们救他们!

《我们现在为什么争斗?》,《陈独秀著作选》(二),第1110页。

在国内外恶势力双重压迫之下的工人贫农一切劳苦大众,他们对于实现民主政治的要求,比任何人都迫切。

《我们要怎样的民主政治?》,《陈独秀著作选》(三),第285页。

3.民主是检验真假社会主义的试金石

无产阶级取得政权之后,并不是抛弃民主主义,而是扩大民主主义,以无产阶级的民主主义来代替资产阶级的民主主义,即是从资产阶级的狭小范围,扩大到一切被剥削被压迫的占全国人口大多数的民众,从量改变到质……在这一意义上,在现时代，只有无产阶级才是民主主义势力的真正代表。我们共产主义者同时也是真正的民主主义者。

《无产阶级与民主主义》，《陈独秀晚年著作选》，第414页。

在一定意义上，我们共产主义者，本是最忠诚最彻底的民主主义者。如果有人拿欧美现行的"伪"民主即形式的民主做标准，来根本鄙弃民主主义和民主政治，这是没有理由的。

《我们要怎样的民主政治?》，《陈独秀著作选》（三），第285页。

马克思主义列宁主义的共产党，他们是科学的社会主义者，而不是乌托邦的社会主义者，他们最懂得历史各时代之革命的理论与政策的：他们懂得中国的历史和经济状况，现在……不但资产阶级需要民主政治，即无产阶级亦需要民主政治，或者比资产阶级需要民主政治更为迫切。

《我们现在为什么争斗?》,《陈独秀著作选》(二),第 1109 页。

政治上的民主主义和经济上的社会主义,是相成而非相反的东西。

《我的根本意见》,《陈独秀著作选》(三),第 560 页。

社会主义是经济的,民主主义是政治的,虽然随后有交流作用。

《关于民主主义的几点根本思想》,《陈独秀晚年著作选》,第 416 页。

民主主义与社会主义,是无产阶级高飞的两翼,不是无冲突无矛盾,而是缺一不可。而且后者需要依靠前者才能够实现。

《关于民主主义的几点根本思想》,《陈独秀晚年著作选》,第 417 页。

恢复民主主义是全世界无产阶级的责任，它为此而斗争。应该从今天一直到阶级与国家消灭，从落后国家一直到进步国家。

《关于民主主义的几点根本思想》，《陈独秀晚年著作选》，第 418 页。

所谓民视民听、民贵君轻，所谓民为邦本，皆以君主之社稷（即君主祖遗之家产）为本位。此等仁民爱民为民之民本主义，乃日本人用以影射民主主义者也……回避其政府之干涉耳。皆自根本上取消国民之人格，而与以人民为主体，由民主主义之民主政治，绝非一物。

《再质问〈东方杂志〉记者》，《陈独秀著作选》（一），第 487 页。

4.把民主主义说成是资产阶级的专利品是错误的

人们对于民主主义，自来有不少的误解。

最浅薄的见解，莫如把民主主义看作是资产
阶级的专利品。

《无产阶级与民主主义》，《陈独秀晚年著作选》，第 410 页。

马克思主义者，从来未曾非难任何民主
主义，考次基拿资产阶级的民主统治形式来
非难无产阶级专政的统治形式，列宁的回答，
不是说无产阶级专政好过民主统治，而是说
苏维埃统治形式之民主的扩大胜过资产阶级
之狭隘的民主。

《关于民主主义的几点根本思想》。《陈独秀晚年著作选》，
第 417 页。

5.民主主义的具体内容

"无产阶级民主"不是一个空洞名词，其
具体内容也和资产阶级民主同样要求一切公

民都有集会、结社、言论、出版、罢工之自由。特别重要的是反对党派之自由。

《我的根本意见》，《陈独秀著作选》（三）第560页。

6.为民主而斗争是长期而曲折的过程

每个时代民主制向前发展之先，都经过一专制黑暗时期。

《再论世界大势》，《陈独秀著作选》（三），第599页。

西洋人因为拥护德（民主——编者注）、赛（科学——编者注）两先生，闹了多少事，流了多少血，德、赛两先生才渐渐从黑暗中把他们救出，引到光明世界。我们现在认定只有这两位先生，可以救治中国政治上道德上学术上思想上一切的黑暗。若因为拥护这两位先生，一切政府的压迫，社会的攻击笑骂，就是断头流血，都不推辞。

《〈新青年〉罪案之答辩书》，《陈独秀著作选》（一），第 443 页。

请看近数十年的历史，每逢民主运动失败一次，反动潮流便高涨一次；同时孔子便被人高抬一次，这是何等自然的逻辑！

《孔子与中国》，《陈独秀著作选》（三），第 386 页。

吾人宁取共和民政之乱，而不取王者仁政之治。盖以共和民政为自动的自治的政制，导吾人于主人地位，于能力伸展之途，由乱而治者也。王者仁政为他动的被治的政制，导吾人于奴隶地位，于能力萎缩之途，由治而乱者也。

《答常乃惪》，《陈独秀著作选》（一），第 252 页。

中国的资产阶级因为太落后了，不但害

怕"真"的民主政治，并且害怕像欧美各国的"伪"民主即形式的民主。它害怕民主主义，不减于害怕社会主义，或者更甚些，因为前者比后者更现实些。

《我们要怎样的民主政治?》，《陈独秀著作选》（三），第283页。

中国的资产阶级自始即不需要拿民主旗帜，激起大多数人民来帮助它向外国帝国主义和国内地主阶级斗争……因为它恐怕弄假成真，恐怕因此激起被它榨取被它统治和它站在敌对地位的大多数工农劳苦人民，侵犯到它的利益，它终于要依赖军人势力，用枪尖镇压大多数工农劳苦人民。

《我们要怎样的民主政治?》，《陈独秀著作选》（三），第283页。

共和无止境，非一行共和政体，即共和政治完全告成者。唯其民适于共和者之数加多，则政治上所行共和之量亦自加广耳。

《四答常乃惠》，《陈独秀著作选》（一），第 291 页。

若虑其民尚未尽成共和之民，遂惮言共和政体，则共和将永无希望。良以非共和政体之下，欲其民尽成共和之民，是南辕北辙，万无达到之理也。

《四答常乃惠》，《陈独秀著作选》（一），第 291 页。

我们中国多数国民口里虽然是不反对共和，脑子里实在装满了帝制时代的旧思想，欧美社会国家的文明制度，连影儿也没有，所以口一张，手一伸，不知不觉都带君主专制臭味。

《旧思想与国体问题》，《陈独秀著作选》（一），第 295 页。

如今要巩固共和，非先将国民脑子里所

有反对共和的旧思想，一一洗刷干净不可。因为民主共和的国家组织、社会制度、伦理观念，和君主专制的国家组织、社会制度、伦理观念全然相反——一个是重在平等精神，一个是重在尊卑阶级——万万不能调和的。

《旧思想与国体问题》，《陈独秀著作选》（一），第296页。

一国非民智大开，民权牢固，国基总不能大安。徒只望君明臣良，那明君良臣活在的时候，国家还可以勉强安宁，明君良臣一去，便是人亡政息，国家仍旧要衰败下来。

《中国历代的大事·十四年共和》，《陈独秀著作选》（一），

第60页。

每个有兵权在手里的人，若不能够受民众的或党的任何制裁，都有变成军阀和形成军事独裁政治之可能。

《革命与武力》，《向导》，第179期，1926年10月25日出版。

较开明的军事独裁，只多只能造成统一的中国，决不能造成民主的中国。

《革命与武力》，《向导》，第 179 期，1926 年 10 月 25 日出版。

共和国里当然要尊重舆论，但舆论每每随多数的或有力的报纸为转移，试问世界各共和国的报纸哪一家不受资本家支配？有几家报纸肯帮多数的贫民说话？

《国庆纪念的价值》，《陈独秀著作选》（二），第 179 页。

7. 党内民主的重要性

（没有了民主，）在官僚集权制之下，蒙蔽，庇护，腐败，堕落，营私舞弊，粉饰太平，萎靡不振，都是相因而至的必然现象。

《关于中国革命问题致中共中央信》《陈独秀著作选》（三），第 52 页。

列宁说过："每个政党，其对于自己的过失取如何态度，乃是表示其党之真诚性的最大证据之一。公然承认自己的过失，暴露其原因，对于事情之所以发生加以解剖，热心研究矫正方法，这就是真诚的政党之记号。"

《致中共中央的信》，《陈独秀著作选》（三），第67页。

领导机关犯了这些严重错误，只有党员群众对于党的政策，合法的讨论，无忌惮的自我批评，方能够把中央错误的政治路线纠正过来，才能够使党公然承认自己的过失，以表示党的真诚性。

《致中共中央的信》，《陈独秀著作选》（三），第71页。

要彻底认识并肃清机会主义，不仅是枝枝叶叶的指摘那几个人犯了机会主义便可了事，重要是在解剖指出整个党的机会主义政策之真实内容及其原因究竟是些什么，无忌

惮的暴露出来，然后才能彻底的认识，才能
彻底的肃清，才不至重走旧路。

《致中共中央的信》，《陈独秀著作选》（三），第 67—68 页。

　　党内的重大政治问题即领导机关政治路
线根本错误的问题，决不应该用组织纪律来
掩护所能解决的。

《致中共中央的信》，《陈独秀著作选》（三），第 73 页。

（十〇）自由

1. 自由是人类智慧发展的必要条件

人类的智慧必须不受束缚，才能自由发展，换言之，人类智慧之发展，和所获得的自由程度成为正比例。

《为自由而战》，《陈独秀著作选》（三），第440页。

近代科学之发生与发达，都得力于思想自由，有些其初是由于胡思乱想，而得到偶然的发明与发见。

《为自由而战》，《陈独秀著作选》（三），第 440—441 页。

思想是人类心灵即智慧之内在的活动，一受束缚便阻碍了它的发展，其发展无论至何程度，都无碍于他人，所以应该是绝无限制的；至于涉及行动……便不然了。

《为自由而战》，《陈独秀著作选》（三），第 441 页。

人类是政治动物，人民必须有政治的自由才算得是自由民，是国民，而不是被征服的奴隶，奴隶是不会爱国的，奴隶是不会自动的为国家民族利益而舍命斗争的。

《怎样才能够发动民众》，《陈独秀著作选》（三），第 456 页。

要叫人民爱国，要叫人民起来为国家民族利益积极的对日抗战，不但要解决人民自身的痛苦，不但要让人民有自己的组织，尤其要让人民有政治的自由，使人民自己真能感觉得自己是国家的主人，自身的利益与国家休戚相关。

《怎样才能够发动民众》，《陈独秀著作选》（三），第 456 页。

人们失了思想自由，大脑自然废而不用，日久不用的器官，自然只有退化消灭。

《我们为什么反对法西斯特》，《陈独秀著作选》（三），第 521 页。

人类因为能够自由思想，才由猴子变成人类；法西斯统治停止思想自由，会把人类变成猴子。这是法西斯统治发展的自然逻辑。即短时期不至变为猴子，而失去公法上自由的人民，除了绝对服从奴隶道德外，不能课以任何道德的及政治的责任。

《我们为什么反对法西斯特》，《陈独秀著作选》（三），第 521 页。

2. 自由以不损害他人利益为条件

个人的自由，应以他人的自由为限，一国的自由，应以别国的自由为限，过了此限，在个人为强暴，在国家为侵略，强暴与侵略，都对于人类整个自由，加了伤害，这是应该制止的。

《为自由而战》，《陈独秀著作选》（三），第441页。

要绝对自由就不能联合，要联合就不能绝对自由……因为联合无论大小，都要有一部分人牺牲自己的意见，才能够维持得比较的长久一点；若常常固执个人或小团体的绝对自由……仍是一堆散沙，这种散沙的现象，至少也不适宜于大规模的生产事业。

《讨论无政府主义》，《陈独秀著作选》（二），第294页。

自戊戌政变以来，蔡（元培）先生自己常常倾向于新的进步运动，然而他在任北大校长时，对于守旧的陈汉章、黄侃，甚至主张清帝复辟的辜鸿铭，参与洪宪运动的刘师培，都因为他们学问可为人师而和胡适、钱玄同、陈独秀容纳在一校；这样容纳异己的雅量，尊重学术思想自由的卓见，在习于专制好同恶异的东方人中实所罕有。

《蔡子民先生逝世后感言》，《陈独秀著作选》（三），第543—544页。

3. 自由是斗争得来的

言论思想自由，是文明进化的第一重要条件。无论新旧何种思想，他自身本没有什么罪恶。但若利用政府权势，来压迫异己的新思潮，这乃是古今中外旧思想家的罪恶，这也就是他们历来失败的根源。

《随感录·旧党的罪恶》,《陈独秀著作选》（一）,
第 493—494 页。

简单说起来，凡合乎平等自由的，就是公理；倚仗自家强力，侵害他人平等自由的，就是强权。

《〈每周评论〉发刊词》,《陈独秀著作选》（一）,第 427 页。

社会成了固定性的时候，他的道德的组织和制度的组织，往往发挥一种极有势力的集合力，压迫、驱逐那和他组织不同的分子。……（这）绝不是全社会中的好现象。……压迫的社会要觉察自己的组织的缺点，要有度量容纳和自己组织不同的新生分子，要晓得这种分子将来也会有集合力，也会有一种新组织，取自己的地位而代之。

《自杀论——思想变动与青年自杀》,《陈独秀著作选》(二),第 65 页。

被压迫的分子倘然发见了社会的罪恶，不要消极的自杀，要有单人匹马奋勇直前的精神，要积极的造成新集合力和压迫的社会反抗。反抗是好现象不是坏现象，反抗与结合，是相反相成的作用，是社会进化所必经的现象，社会上倘永远没有反抗的现象，便永远没有进步。

《自杀论——思想变动与青年自杀》，《陈独秀著作选》（二），
第 65 页。

封建时代，君主专制时代，人民唯统治者之命是从，无互相联络之机缘，团体思想，因以薄弱。此种散沙之国民，投诸国际生存竞争之漩涡，国家之衰亡，不待著卜。

《今日之教育方针》，《陈独秀著作选》（一），
第 143—144 页。

无论何种学派，均不能定为一尊，以阻碍思想文化之自由发展。况儒术孔道，非无优点，而缺点则正多。尤与近世文明社会绝

不相容者，其一贯伦理政治之纲常阶级说也。此不攻破，吾国之政治、法律、社会道德，俱无由出黑暗而入光明。

《答吴又陵》，《新青年》第 2 卷第 5 号，
1917 年 1 月出版。

无论何种主义学说，皆应许人有赞成反对之自由……真尊重自由么？请尊重弱者的自由，勿拿自由、人道主义许多礼物向强者献媚！

《致周作人、钱玄同诸君信》《民国日报·觉悟》
1922 年 4 月 7 日。

讨论学理之自由，乃神圣自由也；倘对于毫无学理毫无常识之妄言，而滥用此神圣自由，致是非不明，真理隐晦，是曰"学愿"；"学愿"者，真理之贼也。

《答崇拜王敬轩者》，《新青年》第 4 卷第 6 号，
1918 年 6 月出版。

（十〇）自由

现在党的统治机关的官僚们钳制党员之最大的武器，要算是"铁的纪律"；党员也因为迷信这一武器自己束缚了自己，对于官僚们的统治，心知其非而口不敢言。

《我们的政治意见书》，《陈独秀著作选》（三），第122页。

"铁的纪律"自然是无产阶级政党领导革命战胜资产阶级的基本条件之一；可是列宁曾告诉我们：铁的纪律之基础"第一是无产阶级先锋队之觉悟及其对于革命之忠诚，能自主，勇敢牺牲；第二是它在某种程度上和……广大的劳苦群众融成一片；第三是极广大的群众在自己的经验中相信它的策略与战略是正确的，没有这些条件，一切要创造这个纪律的企图，都必定变成废话，矫饰，欺诈。

《我们的政治意见书》，《陈独秀著作选》（三），第122页。

4. 经济独立是自由的重要条件

西洋个人独立主义，乃兼伦理、经济二者而言，尤以经济上个人独立主义为之根本也。

《孔子之道与现代生活》，《陈独秀著作选》（一），
第 233 页。

现代生活，以经济为之命脉，而个人独立主义，乃为经济学生产之大则。其影响遂及于伦理学。故现代伦理学上之个人人格独立，与经济学上之个人财产独立，互相证明，其说遂至不可摇动；而社会风纪，物质文明，因此大进。

《孔子之道与现代生活》，《陈独秀著作选》（一），
第 232—233 页。

尊重个人独立自主之人格，勿为他人之附属品……若有意识之人间，各有其意识，斯各有其独立自主之权。

《一九一六年》，《陈独秀著作选》（一），第 172 页。

5. 自由与法律

世界上有一种政府，自己不守法律，还要压迫人民并不违背法律的言论，我们现在不去论他，我们要记住的正是政府一方面自己应该遵守法律，一方面不但要尊重人民法律以内的言论自由，并且不宜压迫人民"法律以外的言论自由"。

《随感录·法律与言论自由》，《陈独秀著作选》（二），第 43 页。

法律只应拘束人民的行为，不应拘束人民的言论；因为言论要有逾越现行法律以外的绝对自由，才能够发见现在文明的弊端、现在法律的缺点。

《随感录·法律与言论自由》，《陈独秀著作选》（二），
第 43 页。

言论自由若要受法律的限制，那便不自由了；言论若是不自由，言论若是没有"违背法律的自由"，那便只能保守现在的文明、现在的法律，决不能够创造比现在更好的文明、比现在更好的法律。像这种保守停滞的国家社会，不但自己不能独立创造文明，就是跟着别人的文明一同进步，也不容易。

《随感录·法律与言论自由》，《陈独秀著作选》（二），
第 43—44 页。

不但革命事业非以生命来换不可，在这种邪恶的社会里，要想处处事事拿出良心来说实话办实事，也都非有以生命来换的精神不可。

《答张崧年》，《陈独秀著作选》（二），第 291 页。

所谓宗教信仰自由者，任人信仰何教，自由选择，皆得享受国家同等之待遇，而无所歧视。

《宪法与孔教》，《陈独秀著作选》（二），第 225 页。

（十一）法律

1.法律是怎样产生和修改的

法律是为保守现在的文明，言论自由是为创造将来的文明；现在的文明现在的法律，也都是从前的言论自由，对于他同时的法律文明批评反抗创造出来的；言论自由是父母，法律文明是儿子，历代相传，好像祖孙父子一样。

《随感录·法律与言论自由》，《陈独秀著作选》（二），第43页。

一切法律和学说，大概都从已成的事实

产生出来的。比如英、美两国的自治制度，都是先由他们的人民创造出来这种事实，后来才由政府编成法典，学者演成学说；并不是先由政府颁布法典，学者创出学说，他们人民才去照办的。

《实行民治的基础》，《陈独秀著作选》（二），第33页。

我以为法律产生事实的力量小，事实产生法律的力量大，社会上先有一种已成的事实，政府承认他的"当然"就是法律，学者说明他的"所以然"就是学说。一切法律和学说，大概都从已成的事实产生出来的。

《实行民治的基础》，《陈独秀著作选》（二），第33页。

2.法律的作用

法律的大作用只是保护社会公共的安宁

利益及制裁侵犯他人法律上的自由。

《讨论无政府主义》，《陈独秀著作选》（二），第300页。

我们对于法律的观念，是由社会上有选举权的人多数意思，决定几条必要的法律，好维持社会上公共的安宁秩序。

《讨论无政府主义》，《陈独秀著作选》（二），第296页。

用这种盲目的群众心理所造成之随时变更的公意来代替法律，实在要造成一个可恐怖的社会。

《讨论无政府主义》，《陈独秀著作选》（二），第296页。

个人与个人间的契约，尚可望拿道德名誉信用来维持，有许多人不顾名誉道德信用，还是有法律制裁的必要；至于各团体间及个人与其他团体有冲突时，这便复杂了，便非道德名誉信用所可维持的了。找第三者排解，这本是现在的社会中常有的事，正因为有恃强欺弱的人不容排解，所以才有法律制裁的必要。

《讨论无政府主义》，《陈独秀著作选》（二），第 311 页。

以法治实利为重者，未尝无刻薄寡恩之嫌；然其结果，社会各人，不相依赖，人自为战，以独立之生计，成独立之人格，各守分际，不相侵渔。以小人始，以君子终；社会经济，亦因以厘然有叙。

《东西民族根本思想之差异》，《陈独秀著作选》（一），
第 168—169 页。

我虽不藐视法律，也断然不迷信法律……法律的用处和好处固然很多。而法律黑幕底下所藏的罪恶，也不算少。

《我的国内和平意见》，《陈独秀著作选》（一），第 469 页。

在社会的里面，固然不能说法律万能。而社会的表面，却不能不尊重法律的假面。倘撕毁了这假面，我们利己损人的本性，更难以制止了。

《我的国内和平意见》，《陈独秀著作选》，（一）第469页。

天下事虽是千变万化，法律也是进化的不是一成不变的；定法律的人虽没有预想的天才，但他也不能禁止后人以相当的手续加以修改的。

《讨论无政府主义》，《陈独秀著作选》（二），第312页。

（十二）民权

1. 自由与平等是人权的基本要素

　　思想言论之自由，谋个性之发展也。法律之前，个人平等也。个人之自由权利，载诸宪章，国法不得而剥夺之，所谓人权是也。

《东西民族根本思想之差异》，《陈独秀著作选》（一），

第 166 页。

　　等一人也，各有自主之权，绝无奴隶他

人之权利，亦绝无以奴自处之义务。

《敬告青年》，《陈独秀著作选》（一），第 130 页。

奴隶云者，古之昏弱对于强暴之横夺，而失其自由权利者之称也。自人权平等之说兴，奴隶之名，非血气所忍受。

《敬告青年》，《陈独秀著作选》（一），第 130 页。

解放云者，脱离夫奴隶之羁绊，以完其自主自由之人格之谓也。

《敬告青年》，《陈独秀著作选》（一），第 130 页。

我有手足，自谋温饱；我有口舌，自陈好恶；我有心思，自崇所信；绝不认他人之越俎，亦不应主我而奴他人。

《敬告青年》，《陈独秀著作选》（一），第 130 页。

独立自主之人格以上，一切操行，一切权利，一切信仰，唯有听命各自固有之智能，断无盲从隶属他人之理。

《敬告青年》，《陈独秀著作选》（一），第130—131页。

以其是非荣辱，听命他人，不以自身为本位，则个人独立平等之人格，消灭无存，其一切善恶行为，势不能诉之自身意志而课以功过。谓以奴隶，谁曰不宜？

《敬告青年》，《陈独秀著作选》（一），第131页。

2. 人治社会无人权

别尊卑，重阶级，主张人治，反对民权之思想之学说，实为制造专制帝王之根本恶因。吾国思想界不将此根本恶因铲除净尽，则有因必有果，无数废共和复帝制之袁世凯，当然接踵应运而生，毫不足怪。

《袁世凯复活》，《陈独秀著作选》（一），第 239—240 页。

自古忠孝美谈，未尝无可泣可歌之事，然律以今日文明社会之组织，宗法制度之恶果，盖有四焉：一曰损坏个人独立自尊之人格；一曰窒息个人意思之自由，一曰剥夺个人法律上平等之权利，一曰养成依赖性戕贼个人之生产力。东洋民族社会中种种卑劣不法惨酷衰微之象，皆以此四者为之因。

《东西民族根本思想之差异》，《陈独秀著作选》（一），
第 167 页。

国人而欲脱蒙昧时代，羞为浅化之民也，则急起直追，当以科学与人权并重。

《敬告青年》，《陈独秀著作选》（一），第 135 页。

在昔蒙昧之世，当今浅化之民，有想象

而无科学……近代欧洲之所以优越他族者，科学之兴，其功不在人权说下，若舟车之有两轮焉。

《敬告青年》，《陈独秀著作选》（一），第134—135页。

妇女问题虽多，总而言之，不过是经济不独立。因经济不独立，遂生出人格的不独立，因而生出无数痛苦的事情。

《妇女问题与社会主义》，《陈独秀著作选》（二），第268页。

中国社会上的女子，无论从父从夫，都没有独立的人格，靠父养的，固没有人格，靠夫养的，也没有人格。所以女子丧失人格，完全是经济的问题；如果女子能够经济独立，那么，必不至受父、夫的压迫。

《妇女问题与社会主义》，《陈独秀著作选》（二），第269页。

（十三）发展

1.世界上没有"万世师表"的圣人，也没有"推诸万世而皆准"的制度和学说

我向来有两种信念：一是相信进化无穷期，古往今来只有在一时代是补偏救弊的贤哲，时间上没有"万世师表"的圣人，也没有"推诸万世而皆准"的制度；一是相信在复杂的人类社会，只有一方面的真理，对于社会各有一种救济的学说，空间上没有包医百

病的良方。

《马尔塞斯人口论与中国人口问题》《陈独秀著作选》（二）
第 106 页。

除了牵强、附会、迷信，世界上定没有
万世师表的圣人、推诸万世而皆准的制度和
包医百病的学说这三件东西。

《马尔塞斯人口论与中国人口问题》《陈独秀著作选》（二）
第 106 页。

科学的精神重在怀疑、研究、分析、归
纳、实证，这几层工夫。"推之万世而准"这
句话，是一种妄想。

《告新文化运动的诸同志》，《陈独秀著作选》（二），第 80 页。

本来没有推之万世而皆准的真理，学说
之所以可贵，不过为他能够救济一社会、一
时代弊害昭著的思想或制度。所以详论一种
学说有没有输入我们社会的价值，应该看我

们的社会有没有用他来救济弊害的需要。

《随感录·学说与装饰品》，《陈独秀著作选》（二），第 177 页。

2. 世界在不断创造中进化

创造就是进化，世界上不断的进化只是不断的创造，离开创造便没有进化了……不满足才有创造的余地。

《新文化运动是什么?》，《陈独秀著作选》（二），第 128 页。

我们尽可前无古人，却不可后无来者；我们固然希望我们胜过我们的父亲，我们更希望我们不如我们的儿子。

《新文化运动是什么?》，《陈独秀著作选》（二），第 128 页。

重历史的遗物，而轻人造的理想，是进

化之障也。

《答陶孟和》，《陈独秀著作选》（一），第 341 页。

我国出产虽多，可惜工艺不精，都是些粗货。所以商务虽盛，却是外国货进口的多，本国货出口卖给外国的很少。因此中国的银钱，都让外国人弄去了。

《地理略》，《陈独秀著作选》（一），第 65 页。

二

（一）人生

1.何谓人生

人生真相如何，求之古说，恒觉其难通；征之科学，差谓其近是。近世科学家之解释人生也：个人之于世界，犹细胞之于人身，新陈代谢，死生相续，理无可逃；唯物质遗之子孙，原子不灭精神传之历史；种性不灭个体之生命无连续，全体之生命无断灭；以了解生死故，既不厌生，复不畏死。

《今日之教育方针》，《陈独秀著作选》（一），第143页。

知吾身现实之生存，为人类永久生命可贵之隙，非常非暂，益非幻非空；现实世界之内有事功，现实世界之外无希望。唯其尊现实也，则人治兴焉，迷信斩焉……一切思想行为，莫不植基于现实生活之上。

《今日之教育方针》，《陈独秀著作选》（一），第143页。

（如何才是正当的人生？）这题大约有两种观念；第一种是精神上的，第二种是物质上的。我以为精神上的人生，没有什么标准，人说善则善，人说恶则恶，人说苦则苦，人说乐则乐……物质上的生活，能够做到平等、自由，便是正当的人生。因为人人都是人类，不应该受他人的压迫。如果我压迫人，或人压迫我，都是不正当的人生。

《如何才是正当的人生》，《陈独秀著作选》（二），第265页。

社会是个人的总寿命，社会解散，个人

死后便没有连续的记忆和知觉；所以社会的组织和秩序，是应该尊重的。

《人生真义》，《陈独秀著作选》（一），第 347。

个人之在社会，好像细胞之在人身；生灭无常，新陈代谢，本是理所当然，丝毫不足恐怖。

《人生真义》，《陈独秀著作选》（一），第 347 页。

人生最难解之问题有二，曰死，曰爱。死与爱皆有生必然之事。

《〈绛纱记〉序》，《陈独秀著作选》（一），第 127 页。

2. 积极面对人生

悉以抵抗力之有无强弱为标准。优胜劣

败，理无可逃。通一切有生无生物，一息思存，即一息不得无抵抗力。

《抵抗力》，《陈独秀著作选》（一），第151页。

众星各葆有其离力而不相并，万物各驱除其灾害而图生存，人类以技术征服自然，利用以为进化之助，人力胜天。

《抵抗力》，《陈独秀著作选》（一），第150页。

自然每趋于毁坏，万物各求其生存。一存一毁，此不得不需于抵抗力矣。抵抗力者，万物各执着其避害御侮自我生存之意志，以与天道自然相战之谓也。

《抵抗力》，《陈独秀著作选》（一），第150页。

审是人生行径，无时无事，不在剧烈战斗之中，一旦丧失其抵抗力，降服而已，灭亡而已，生存且不保，遑云进化！盖失其精神之抵抗力，已无人格之可言；无其身体之抵抗力，求为走肉行尸，且不可得也！

《抵抗力》，《陈独秀著作选》（一），第151页。

人类之生事愈繁，所需于抵抗力者尤巨。自生理言之：所受自然之疾病，无日无时无之，治于医药者只十之二三，治于自身抵抗力者恒十之七八。

《抵抗力》，《陈独秀著作选》（一），第151页。

人类之进化，竞争与互助，二者不可缺一，犹车之两轮，鸟之双翼，其目的仍不外自我之生存与进步，特其间境地有差别，界限有广狭耳。

《答李平敬》，《陈独秀著作选》（一），第147页。

我们人类的生活诚然是烦闷的生活……一班有自觉智力的人，对这烦闷生活，有二种危险的人生观：（一）顺世堕落的乐观主义。这种人看透人类种种黑暗的本性，而且觉得决没有改进的希望；（二）厌世自杀的悲观主义。……这两种人对于人生的观察，都是没有彻底，而且没有勇气，所以不堪烦闷生活的痛苦。

《我们应该怎样?》，《陈独秀著作选》（一），第521页。

顺世和厌世主义的两种人，都只见得人类黑暗的一面，没有留心那光明的一面……我们要逃出这两种境界，首先对于人性必须有黑暗、光明两方面彻底的观察和承认。其次的须要，就是努力改造世界的勇气和自信心。

《我们应该怎样?》，《陈独秀著作选》（一），第522页。

（一）人生

命是格外荒唐的话了，俗话说得好："祸福无门，唯人自招"，哪有什么命定的话呢？

《亡国的原因》，《陈独秀著作选》（一），第84页。

人之生也，应战胜恶社会，而不可为恶社会所征服；应超出恶社会，进冒险苦斗之兵，而不可逃遁恶社会，作退避安闲之想。

《敬告青年》，《陈独秀著作选》（一），第132页。

青年如初春，如朝日，如百卉之萌动，如利刃之新发于硎，人生最可宝贵之时期也。

《敬告青年》，《陈独秀著作选》（一），第129页。

青年之于社会，犹新鲜活泼细胞之在人身。新陈代谢，陈腐朽败者无时不在天然淘汰之途，与新鲜活泼者以空间之位置及时间

155

之生命。

《敬告青年》，《陈独秀著作选》（一），第 129 页。

予所欲涕泣陈词者，唯属望于新鲜活泼之青年，有以自觉而奋斗耳！自觉者何？自觉其新鲜活泼之价值与责任，而自视不可卑也。奋斗者何？奋其智能，力排陈腐朽败者以去，视之若仇敌，若洪水猛兽，而不可与为邻，而不为其菌毒所传染也。

《敬告青年》，《陈独秀著作选》（一），第 129 页。

今人多言过渡时代，我以为这名词还不大妥，因为有个彼岸才用渡船渡过去，永续不断的宇宙人生，简直是看不见彼岸或竟实无彼岸的茫茫大海，我们生存在这大海中之一切努力，与其说是过渡，不如说是造桥。……这座桥虽然还没有完工的希望，或者永无完工的希望，但是从古到今已造成的部分却是可以行人，并非劳而无功。

《过渡与造桥》，《新青年》第 9 卷第 3 号，1921 年 7 月出版。

生存竞争，势所不免，一息尚存，即无守退安隐之余地。排万难而前行，乃人生之天职。

《敬告青年》，《陈独秀著作选》（一），第 132 页。

通常说到野心二字，人们便有点厌恶，其实无论个人或民族，野心用在占有欲固然不免令人厌恶，倘能用在创造欲上，便是伟大、向上、有志气等同意义的名词。

《民族野心》《陈独秀著作选》（三）第 489 页。

世界文明发源地有二：一是科学研究室，一是监狱。我们青年要立志出了研究室就入监狱，出了监狱就入研究室，这才是人生最高尚优美的生活。从这两处发生的文明，才是真文明，才是有生命有价值的文明。

《随感录·研究室与监狱》，《陈独秀著作选》（二），第 21 页。

世界——战场，人生——恶斗。一息尚存，决无逃遁苟安之余地。处顺境而骄，遭逆境而馁者，皆非豪杰之士也，外境之降虏已耳！

《抵抗力》，《陈独秀著作选》（一），第 155 页。

唯心派素来把历史变动之唯一原动力归到个人意志之伟大……他们不明白个人的主观意志无论如何伟大，决不能创造客观上绝对不可能的东西。

《列宁之死》，《陈独秀著作选》（二），第 606 页。

（一）人生

个人的意志固然不能创造客观上不可能
的东西，而在客观上可能的范围以内，却有
个人意志回旋的余地，并且必须有此个人的
努力及天才的创见，这客观上的可能才能够
适当的实现。

《列宁之死》，《陈独秀著作选》（二），第 607 页。

人们的意志是人们物质的生活关系造成
的；人们的历史是人们贪欲无厌的意志造成
的。这是我们所相信之历史的唯物论和机械
的唯物论不同之点。

《列宁之死》，《陈独秀著作选》（二），第 607 页。

我们无论如何反对我们所生存的社会制
度，在我们未曾用我们的力量把现存的制度
推翻以前，我们仍旧必然为现存的我们反对
的社会制度所支配，除非自杀或是单独一人
逃到深山穷谷没人迹的地方，绝对没有方法

可以自由逃出。

《讨论无政府主义》，《陈独秀著作选》（二）第 293 页。

科学家说人类也是自然界一种物质，没有甚么灵魂；生存的时候，一切苦乐善恶，都为物质界自然法则所支配；死后物质分散，另变一种作用，没有连续的记忆和知觉。

《人生真义》，《陈独秀著作选》（一），第 345—346 页。

3. 如何追求人生幸福

人生在世，究竟为的甚么？究竟应该怎样？这两句话实在难得回答得很。我们若是不能回答这两句话，糊糊涂涂过了一生，岂不是太无意识吗？

《人生真义》，《陈独秀著作选》（一），第 345 页。

（一）人生

执行意志，满足欲望（自食色以至道德的名誉，都是欲望）。是个人生存的根本理由，始终不变的。

《人生真义》，《陈独秀著作选》（一），第347页。

个人生存的时候，当努力造成幸福，享受幸福；并且留在社会上，后来的个人也能够享受。递相授受，以至无穷。

《人生真义》，《陈独秀著作选》（一），第347页。

社会的文明幸福，是个人造成的，也是个人应该享受的。

《人生真义》，《陈独秀著作选》（一），第347页。

人生幸福问题，应有五种观念：一曰毕生幸福，悉于青年时代造其因；二曰幸福内容，以强健之身体、正当之职业、称实之名誉为

最要，而发财不与焉；三曰不以个人幸福损
害国家社会；四曰自身幸福，应以自力造之，
不可依赖他人；五曰不以现在暂时之幸福，
易将来永久之痛苦。

《新青年》，《陈独秀著作选》（一），第 186 页。

　　各个人以至全民族是不能靠空气生存的，
要靠衣、食、住、行上物质的条件，而且要
有很好的丰富条件，才是光荣的生存，而不
是贫苦的屈辱的生存。

《我们为什么而战?》，《陈独秀著作选》（三），
第 504 页。

4.幸福靠诚实的劳动获得

　　今日之社会，植产兴业之社会也；分工合
力之社会也；尊重个人生产力，以谋公共安宁

（一）人生

幸福之社会也。

《今日之教育方针》《陈独秀著作选》（一），第 145 页。

人生幸福之大小，视其奋发之精力以为衡。欲享受幸福之一日，不可不一日尽力以劳动；欲享受一生之幸福，不可不尽力劳动以终其生。劳动者，获得幸福之唯一法门也。

《当代二大科学家之思想》，《陈独秀著作选》（一），第 195 页。

我们新社会的新青年，当然尊重劳动；但应该随个人的才能兴趣，把劳动放在自由、愉快、艺术、美化的地位，不应该把一件神圣的东西当作维持衣食的条件。

《〈新青年〉宣言》，《陈独秀著作选》（二），第 41 页。

无论在何种制度之下，人类的幸福，社

163

会的文明，都是一点一滴地努力创造出来的，不是像魔术师画符一般，制度改了，那文明和幸福就会从天上落下来。

《懒惰的心理》，《新青年》第 8 卷第 2 号，1920 年 10 月。

人生幸福，是人生自身出力造成的，非是上帝所赐，也不是听其自然所能成就的。

《人生真义》，《陈独秀著作选》（一），第 347 页。

要享幸福，莫怕痛苦。现在个人的痛苦，有时可以造成未来个人的幸福。譬如有主义的战争所流的血，往往洗去人类或民族的污点。极大的瘟疫，往往促成科学的发达。

《人生真义》，《陈独秀著作选》（一），第 347 页。

西俗成家之子，恒离亲而别居，绝经济之关系；所谓吾之家庭者，必其独立生活也。

《东西民族根本思想之差异》，《陈独秀著作选》（一），第 168 页。

5.视个人发财为幸福为害国家与社会

若沉迷于社会家庭之恶习，以发财与幸福并为一谈，则异日立身处世，奢以贼己，贪以贼人，其为害于个人及社会国家者，宁有纪极！

《新青年》，《陈独秀著作选》（一），第 186 页。

发财固非恶事，即做官亦非恶事，幸福更非恶事；唯吾人合做官发财享幸福三者以一贯之精神，遂至大盗遍于国中。人间种种至可恐怖之罪恶多由此造成。国将由此灭，种将由此削。

《新青年》，《陈独秀著作选》（一），第 186—187 页。

内图个性之发展，外图贡献于其群。岁不我与，时不再来；计功之斯，屈指可竢。一切未来之责任，毕生之光荣，又皆于此数十寒暑中之青年时代十数寒暑间植其大本，前瞻古人，后念来者，此身将为何如人，自不应仅以做官求荣为归宿也。

《新青年》，《陈独秀著作选》（一），第 186 页。

（二）信仰

1. 信仰要有科学性

人类将来真实之信解行证，必以科学为正轨，一切宗教，皆在废弃之列；其理由颇繁，姑略言之。盖宇宙间之法则有二：一曰自然法，一曰人为法。自然法者，普遍的，永久的，必然的也，科学属之；人为法者，部分的，一时的，当然的也，宗教道德法律皆属之。

《再论孔教问题》，《陈独秀著作选》（一），第253页。

真能决疑，厥唯科学。故余主张以科学代宗教，开拓吾人真实之信仰，虽缓终达。若迷信宗教以求解脱，直"欲速不达而已！"

《再论孔教问题》，《陈独秀著作选》（一），第253页。

宇宙间物质的生存与活动以外，世人多信有神灵为之主宰，此宗教之所以成立至今不坏也。……此森罗万象中，果有神灵为之主宰，则成毁任意，何故迟之日久，一无逃于科学的法则耶？

《随感录·科学与神圣》，《陈独秀著作选》（一），第388—389页。

相信一种主义，不应该空空洞洞的盲从，必定要知道他的精髓所在；如果指不出他的精髓，就不配说信什么主义，也不配批评什么主义。

《社会主义批评——在广州公立法政学校演讲》
《陈独秀著作选》（二），第251页。

（二）信仰

我们对于一切信仰一切趋赴的事，必须将这事体批评起来确有信仰趋赴的价值，才值得去信仰趋赴，不然便是无意识的盲从或无价值的迷信。

《国庆纪念底价值》，《陈独秀著作选》（二），第 178 页。

我们无论主张什么，第一步是问要不要，第二步是问能不能。若是不能，那"要"仍然是一个空想。若问现在能不能讲社会主义，是要研究现在能不能用社会主义的生产分配方法来代替资本主义的生产分配方法。

《社会主义批评——在广州公立法政学校演讲》，
《陈独秀著作选》（二），第 243 页。

2.信仰的复杂性与多样性

马克思科学的社会主义，预料资本主义

必由发达而崩坏，崩坏后继之者必为社会主义，此乃就人类社会历史的进化一般趋向而言；至于资本主义之崩坏与夫社会主义之现实，果在何国开始及完成，又另有其特殊的因果关系。

《答张君劢及梁任公》，《陈独秀著作选》（二），第 686 页。

人类社会因果关系非常复杂，所以社会现象也非常复杂，因此，社会科学，马克思科学的社会主义，决不像张君劢先生所称引的那样简单，并且一定还不像我们今天所知道的这样简单。

《答张君劢及梁任公》，《陈独秀著作选》（二），第 686 页。

人们提出思想信仰统一的问题，正因为企图实现一国一党消灭其余别的党派之理想。其实党派是相对的名词，如果别党消灭了，科学的说来，任何一党也就不能存在，因为那时各党派所代表的各部分人民不同的利害都消灭了，一切党派也自然消灭。

《各党派应如何巩固团结?》，《陈独秀著作选》（三），第471页。

思想信仰统一了，则只有一党存在，根本无所谓各党派，便根本无所谓合作、团结了。

《各党派应如何巩固团结?》，《陈独秀著作选》（三），第471页。

统一思想信仰，根本是一个荒唐无稽的幻想。在欧洲中世纪，全欧洲的文化几乎都在公教会手中，宗教法庭用过无数次烧杀酷刑，也消灭不了异教徒，也没有把思想信仰统一起来。反而公教会本身倒分了无数的派别。

《各党派应如何巩固团结?》，《陈独秀著作选》（三），第472页。

凡是一个集团，对外走向统一，同时对内即走向分裂，倒是对外竞争，往往加紧了内部的团结，这是一个公例。

《各党派应如何巩固团结?》，《陈独秀著作选》（三），第 472 页。

在中国古时，汉武帝和董仲舒，他们君臣曾热心拿尊孔来统一思想信仰，然而汉朝宫廷中，始终完不了儒、法、黄、老的斗争。

《各党派应如何巩固团结?》，《陈独秀著作选》（三），第 472—473 页。

苏俄实际政治固然也有若干小小部分采行了共产主义的政策，然而决没有不问青红皂白，随意推行于任何国家的道理，因为共产主义不是一种宗教，决不能不待其国内自然发生而可以从外国宣传出来的。

《十月革命与中国民族解放运动》，《陈独秀著作选》（二），第 946 页。

我们……宁欢迎有意识有信仰的反对，不欢迎无意识无信仰的随声附和。但反对的方面没有充分理由说服我们以前，我们理当大胆宣传我们的主张，出于决断的态度；不取乡愿的、紊乱是非的、助长惰性的、阻碍进化的、没有自己立脚地的调和论；不取虚无的、不着边际的、没有信仰的、没有主张的、超实际的、无结果的绝对怀疑主义。

《〈新青年〉宣言》，《陈独秀著作选》（二），第42页。

3. 打倒偶像

凡是无用而受人尊敬的，都是废物，都算是偶像，都应该破坏！

《偶像破坏论》，《陈独秀著作选》（一），第391页。

"一声不做，二目无光，三餐不吃，四肢无力，五官不全，六亲无靠，七窍不通，八面威风，九（音同久）坐不动，十（音同实）是无用。"这几句形容偶像的话，何等有趣！

《偶像破坏论》，《陈独秀著作选》（一），第 391 页。

泥塑木雕的偶像，本来是件无用的东西，只因有人尊重他，崇拜他，对他烧香磕头，说他灵验：于是乡愚无知的人，迷信这人造的偶像真有赏善罚恶之权……但是偶像这种用处，不过是迷信的人自己骗自己，非是偶像自身真有什么能力。这种偶像倘不破坏，人间永远只有自己骗自己的迷信，没有真实合理的信仰。

《偶像破坏论》，《陈独秀著作选》（一），第 391 页。

吾人信仰，当以真实的合理的为标准；宗教上、政治上、道德上、自古相传的虚荣，欺人不合理的信仰，都算是偶像，都应该破坏！此等虚伪的偶像倘不破坏，宇宙间实在

的真理和吾人心坎儿里彻底的信仰永远不能
合一！

《偶像破坏论》，《陈独秀著作选》（一），第393页。

世界上真实有用的东西，自然应该尊重，
应该崇拜；倘若本来是件无用的东西，只因人
人尊重他，崇拜他，才算得有用，这班骗人
的偶像倘不破坏，岂不教人永远上当么？

《偶像破坏论》，《陈独秀著作选》（一），第391页。

宗教之功，胜残劝善，未尝无益于人群；
然其迷信神权，蔽塞人智，是所短也。

《法兰西人与近世文明》，《陈独秀著作选》（一），第137页。

宗教之为物，无论其若何与高尚文化之
生活有关，若何有社会的较高之价值，但其
根本精神，则属于依他的信仰，以神意为最

高的命令；伦理道德则属于自依的觉悟，以良心为最高命令；此过去文明与将来文明，即新旧理想之分歧要点。

《答俞颂华》，《陈独秀著作选》（一），第 279 页。

宗教之价值，自当以其利益社会之量为正比例。

《答刘竞夫》，《陈独秀著作选》（一），第 306 页。

今之人类（不但中国人）是否可以完全抛弃宗教，本非片言可以武断。然愚尝诉诸直观，比量各教，无不弊多而益少。

《再答俞颂华》，《陈独秀著作选》（一），第 308 页。

至于宗教之有益部分，窃谓美术、哲学可以代之。即无宗教，吾人亦未必精神上无所信仰，谓吾人不可无信仰心则可，谓吾人不可无宗教信仰，恐未必然。

《再答俞颂华》，《陈独秀著作选》（一），第 308 页。

（愚）于世界一切宗教，悉怀尊敬之心。若夫迷信一端，谓为圆满，不容置议，窒思想之自由，阻人类之进化，则期期以为未可。

《答李大槐》，《陈独秀著作选》（一），第 162 页。

宗教思想之变迁，更是要受时代及社会势力支配的……种种不同的人生观都为种种不同客观的因果所支配，而社会科学可一一加以分析的论理的说明，找不出哪一种是没有客观的原因，而由于个人主观的直觉的自由意志凭空发生的。

《〈科学与人生观〉序》，《陈独秀著作选》（二），第 551 页。

从社会进化之历史观看来，自然有人类

理智性日渐发展宗教性尤其是宗教制度及宗教仪式日渐衰微的倾向；然在这进化过程中，我们若不积极地发展理智性，单是消极地扫荡宗教性，是不是有使吾人生活内容趋于枯燥的缺点？这也是我们应该审慎讨论的。

《对于非宗教同盟的怀疑及非基督教学生同盟的警告》，
《陈独秀著作选》（二），第 368—369 页。

（三）处世

1. 人要负责任，说老实话

　　不说老实话的人，决不会负责任；话既然不老实，根本便无责任可负。说老实话，可以说是负责任的基本条件。

《说老实话》，《陈独秀著作选》（三），第495页。

　　说老实话的意义，在表面上好像就是不说谎；然而更进一步解释起来，似乎前者比后者还有积极的意义。不说谎，只是消极的不说谎话欺骗人；说老实话，更是积极的举世非之而不顾的把真理说出来。

《说老实话》，《陈独秀著作选》（三），第 495 页。

历史不会重演，人为的错误是会重演的。

《给西流的信》，《陈独秀著作选》（三），第 553 页。

2. 正确处理理性和感情

感情与理性，都是人类心灵重要的部分，而且有时两相冲突。爱国大部分是感情的产物，理性不过占一小部分，有时竟全然不合乎理性（德国和日本的军人，就是如此）。

《我们究竟应当不应当爱国?》，《陈独秀著作选》（二），
第 22 页。

人类行为，自然是感情冲动的结果。我

（三）处世

以为若是用理性做感情冲动的基础，那感情才能够始终热烈坚固不可摇动。

《我们究竟应当不应当爱国?》，《陈独秀著作选》（二），
第 22 页。

当社会上人人感情热烈的时候，他们自以为天经地义的盲动，往往失了理性，做出自己不能认识的罪恶。这是因为群众心理不用理性做感情的基础，所以群众的盲动，有时为善，有时也可为恶。

《我们究竟应当不应当爱国?》，《陈独秀著作选》（二），
第 22 页。

道义是当然的、知识的、理性的；情感是自然的、盲目的、超理性的。道义的行为，是知道为什么应该如此，是偏于后天的知识；情感的行为，不问为什么只是情愿如此，是偏于先天的本能。

《基督教与中国人》，《陈独秀著作选》（二），第 87 页。

181

人类的行为动作，完全是因为外部的刺激，内部发生反应。有时外部虽有刺激，内部究竟反应不反应，反应取什么方法，知识固然可以居间指导，真正反应进行的司令，最大的部分还是本能上的感情冲动。

《新文化运动是什么?》，《陈独秀著作选》（二），
第 125 页。

利导本能上的感情冲动，叫他浓厚、真挚、高尚，知识上的理性，德义都不及美术、音乐、宗教的力量大。知识和本能倘不相并发达，不能算人间性完全发达。

《新文化运动是什么?》，《陈独秀著作选》（二），
第 125 页。

3.婚姻

人生在世，唯有夫妻搭伙最久，若是遇

不着恩爱钟情的夫妇，便是终身的晦气。

《恶俗篇·婚姻下》，《陈独秀著作选》（一），第45页。

夫妻配合得不当，成了仇敌，时常闹气，那一家必不安宁。

《恶俗篇·婚姻下》，《陈独秀著作选》（一），第45页。

若是夫妇不睦，都可以退婚，另择合适的嫁娶，那全国的才子佳人，都各得其所，家家没有了怨气，便于国家也自然要添一段太平景象了。

《恶俗篇·婚姻下》，《陈独秀著作选》（一），第45页。

（四）道德

1. 道德是维持群益之最大利器

道德为人类之最高精神作用，维持群益之最大利器，顺进化之潮流，革故更新之则可，根本取消之则不可也。

《答淮山逸民》，《陈独秀著作选》（一），第277页。

道德观念之成立，由于人类有探索真理之心，道德之于真理，犹木之于本，水之于

（四）道德

源也。

《道德之概念及其学说之派别》，《陈独秀著作选》（一），
第 299 页。

宗教、法律与道德，三者皆出于真理。宗教以信仰为基础，法律以权力为运用，而有信仰所不能范，权力所不能及，则道德尚焉。由是观之，道德与宗教、法律，三者在真理之下……皆真理之外形与名词，皆应与时变迁。

《道德之概念及其学说派别》，《陈独秀著作选》（一），
第 299 页。

人与人相处的社会，法律之外，道德也是一种不可少的维系物。根本否认道德的人，无论他属于哪一阶级，哪一党派，都必然是一个邪僻无耻的小人。

《蔡子民先生逝世后感言》，《陈独秀著作选》（三），第 544 页。

2.道德应随时代和社会的进化而变迁，道德喊声愈高的社会愈堕落

道德与真理不同，他是为了适应社会的需要而产生的，他有空间性和时间性，此方所视为不道德的，别方则未必然；古时所视为不道德的，现代则未必然。

《蔡子民先生逝世后感言》，《陈独秀著作选》（三），第544页。

道德是应该随时代及社会制度变迁，而不是一成不变的；道德是用以自律，而不是用来责人的；道德是要躬行实践，而不是放在口里乱喊的，道德喊声愈高的社会，那社会必然落后，愈堕落。

《蔡子民先生逝世后感言》，《陈独秀著作选》（三），第545页。

道德之为物，应随社会为变迁，随时代

为新旧，乃进化的而非一成不变的，此古代道德所以不适于今之世也。

《答淮山逸民》，《陈独秀著作选》（一），第 277 页。

道德重在自律自动，和法律的作用完全不同，不自由的道德很少有价值。

《社会主义批评——在广州公立法政学校演词》，
《陈独秀著作选》（二），第 251 页。

3. 道德的惰性与改造

道德是人类本能和情感上的作用，不能像知识那样容易进步。

《随感录·调和论与旧道德》《陈独秀著作选》（二），第 46 页。

若以孔子教义挽救世风浇漓，振作社会

道德，未免南辕北辙也……宗法社会之奴隶道德，病在分别尊卑，课卑者以片面之义务，于是君虐臣，父虐子，姑虐媳，夫虐妻，主虐奴，长虐幼。社会上种种之不道德，种种罪恶，施之者以为当然之权利，受之者皆服从于奴隶道德下而莫之能违，弱者多衔怨以殁世，强者则激而倒行逆施矣。

《答傅桂馨》，《陈独秀著作选》（一），第275页。

根于人类本能上光明方面的相爱、互助、同情心、利他心、公共心等道德，不容易发达，乃是因为受了本能上黑暗方面的虚伪、忌妒、侵夺、争杀、独占心、利己心、私有心等不道德难以减少的牵制，这是人类普通的现象，各民族都是一样。

《随感录·调和论与旧道德》，《陈独秀著作选》（二），第46页。

我们主张的新道德，正是要彻底发达人

（四）道德

类本能上光明方面，彻底消灭本能上黑暗方面，来救济全社会悲惨不安的状态。

《随感录・调和论与旧道德》，《陈独秀著作选》（二），第47页。

（五）善恶

1. 人性善恶兼而有之

人间世，凡一事发生，无论善恶，必有其发生之理由；况为数见不鲜之事，其理由必更充足，无论善恶，均不当其谓其不应该发生也。

《为苏曼殊〈碎簪记〉作后叙》，《陈独秀著作选》（一），第241页。

人性问题，"性恶说"本是一种偏见，人

性本有善恶两方面……在生物进化上看起来，人类也是一种动物，他本性上恶的方面，也和别的动物一样；不过恶的方面越减少，善的方面越发达，他的品格越进化到高等地位，并不是一成不变的。

《自杀论——思想变动与青年自杀》，《陈独秀著作选》（二），第63—64页。

在生物学上看起来，人类也是一种动物。人性黑暗的方面，像贪得、利己、忌妒、争杀等，和别的动物是一样，并不比他们高明，而且有虚伪、欺诈的特长，比别种动物更坏。但是人生光明的方面，像相爱、互助等，也和别的脊椎动物一样，而且比他们更是发达。至于分别及抉择善恶的心灵作用（即道德意识），或者可以说是人类独有的本能。

《我们应该怎样?》，《陈独秀著作选》（一），第521—522页。

2. 改良人性，从改革社会制度入手

社会支配个人的力量十分伟大。要想改革社会，非从社会一般制度上着想不可，增加一两个善的分子，不能够使社会变为善良；除去一两个恶的分子，也不能够使社会变为不恶。

《新教育是什么?》，《陈独秀著作选》（二），第233页。

人之善恶智愚，生来本性的力量诚然不小，后来教育的力量又何尝全然无效？比如木材的好丑和用处大小，虽然是生来不同，但必经工匠的斧斤雕凿，良材方成栋梁和美术的器具，就是粗恶材料，也有相当的用处。

《近代西洋教育》，《陈独秀著作选》（一），第322页。

在善良社会里面，天资中等的人都能勉

力为善；在恶社会里面，天资很高的人也往往习于作恶……社会差不多是个人的模型，个人在社会里，方圆大小都随着模型变，所以我敢说如果社会不善，而个人能够独善，乃是欺人的话。

《新教育是什么?》，《陈独秀著作选》（二），第 233 页。

世间事物，皆有善恶两面，社会裁制力亦然。……吾中华之社会裁制力则只有恶面而无善面，故特立独行之士罕若凤毛，贪鄙无耻之人盈天下也。中国社会之不及欧西也以此。

《随感录·社会裁制力》，《陈独秀著作选》（一），第 398 页。

随时变更的公意完全是群众心理造成的，这种公意有时固然能为善，有时也能作恶。

《讨论无政府主义》，《陈独秀著作选》（二），第 296 页。

三

（一）文化

1.社会产业发展状况决定文化形态

文化是对军事、政治（是指实际政治而言，至于政治哲学仍应该归到文化）、产业而言……文化的内容，是包含着科学、宗教、道德、美术、文学、音乐这几样。

《新文化运动是什么》，《陈独秀著作选》（二），第 123 页。

一班代表农民和商人的无知而又无耻的

士大夫群，能产生孔、孟、老、庄、宋儒，发挥佛教等礼让退婴学说的，还算是其中优秀分子，正是前资本主义社会落后的农业与商业的反映；在这样落后的社会生产力之基础上，也只能产生我们固有的武力，固有的道德与文化，即所谓东方文化与精神文明。

《民族野心》，《陈独秀著作选》（三），第 490—491 页。

我们要想想中国为什么有孔子？孔子的学说思想何以不发生在印度或欧洲，而发生在中国？……这是因为中国的气候土地适于农业，农业发达的结果，家族主义随之而发达；孔子的学说思想，和孔子所祖述的尧、舜思想，都是完全根据家族主义，所谓有夫妇而后有父子，有父子而后君臣。

《新教育是什么?》，《陈独秀著作选》（二），第 232 页。

孔子的学说思想绝不是他自己个人发明

的，孔子的学说思想所以发生在中国也绝非偶然之事，乃是中国的土地气候造成中国的产业状况，中国的产业状况造成中国的社会组织，中国的社会组织造成孔子以前及孔子的伦理观念。

《新教育是什么?》，《陈独秀著作选》（二），第 232 页。

完全是有中国的社会才产生孔子的学说，而不是有孔子的学说才产生中国的社会。

《新教育是什么?》，《陈独秀著作选》（二），第 232 页。

支配中国人心的最高文化，是唐虞三代以来伦理的道义。支配西洋人心的最高文化，是希腊以来美的情感和基督教信与爱的情感。

《基督教与中国人》，《陈独秀著作选》（二），第 86—87 页。

2. 批判中国落后的旧文化

尊君抑民，尊男抑女，人人都承认这是东洋固有的思想文化，并且现在还流行着支配社会，尤其是在中国，有无数军阀官僚和圣人之徒做他的拥护者，他并没有死。

《泰戈尔与东方文化》，《陈独秀著作选》（二），第 656—657 页。

忠、孝、贞节三样，却是中国固有的旧道德，中国的礼教（祭祀教孝、男女防闲，是礼教的大精神）、纲常、风俗、政治、法律，都是从这三样道德演绎出来的；中国人的虚伪（丧礼最甚）、利己、缺乏公共心、平等观，就是这三样旧道德助长成功的。

《随感录·调和论与旧道德》，《陈独秀著作选》（二），第 47 页。

中国人分裂的生活（男女最甚），偏枯的

现象，（君对于臣的绝对权，政府官吏对于人民的绝对权，父母对于子女的绝对权，夫对于妻、男对于女的绝对权，主人对于奴婢的绝对权），一方无理压制一方盲目服从的社会，也都是这三样道德教训出来的。

《随感录·调和论与旧道德》，《陈独秀著作选》（二），第47页。

中国历史上、现社会上种种悲惨不安的状态，也都是这三样（即忠、孝、贞节——编者）道德在那里作怪。

《随感录·调和论与旧道德》，《陈独秀著作选》（二），第47页。

墨氏兼爱，庄子在宥，许行并耕，此三者诚人类最高之理想，而吾国之国粹也。奈均为孔孟所不容何。

《答李杰》，《陈独秀著作选》（一），第315页。

人类文化是整个的，只有时间上进化迟速，没有空间上地域异同（许多人所论列的中国、印度、欧洲文化之异同，多半是民族性之异同，不尽是文化之异同）。东方现有的农业文化……西方以前也曾经历过，并不是东方所特有的什么好东西，把这不进化的老古董当作特别优异的文化保守起来，岂不是自闭于幽谷！

《寸铁·精神生活东方文化》，《陈独秀著作选》（二），第602—
603页。

中国的文化源泉里，缺少美的、宗教的纯情感，是我们不能否认的。不但伦理的道义离开了情感，就是以表现情感为主的文学，也大部分离了情感加上伦理的（尊圣、载道）、物质的（纪功、怨穷、诲淫）彩色；这正是中国人堕落的根由，我们实在不敢以"富于情感"自夸。

《基督教与中国人》，《陈独秀著作选》（二），第88页。

（一）文化

孔子之道，以伦理政治忠孝一贯，为其大本，其他则枝叶也。故国必尊君，如家之有父。

《复辟与尊孔》，《陈独秀著作选》（一），第336页。

主张尊孔，势必立君；主张立君，势必复辟，理之自然，无足怪者。

《复辟与尊孔》，《陈独秀著作选》（一），第339页。

今不图根本之革新，仍欲以封建时代宗法社会之孔教统一全国之人心，据已往之成绩。推方来之效果，将何以适应生存于二十世纪之世界乎？

《答俞颂华》，《陈独秀著作选》（一），第280页。

吾国旧说，最尊莫如孔、老。一则崇封建之礼教，尚谦让以弱民性；一则以雌退柔弱

203

为教，不为天下先。吾民冒险敢为之风，于
焉以斩。

《答李大槐》，《陈独秀著作选》（一），第 162 页。

老尚雌退，儒崇礼让，佛说空无。义侠
伟人，称以大盗；贞直之士，谓为粗横。充塞
吾民精神界者，无一强梁敢进之思。唯抵抗
之力，从根断矣。

《抵抗力》，《陈独秀著作选》（一），第 154 页。

3.应该学习外国先进文化

欧洲输入之文化，与吾华固有之文化，
其根本性质极端相反。数百年来，吾国扰攘
不安之象，其由此两种文化相触接相冲突者，
盖十居八九。凡经一次冲突，国民即受一次
觉悟。唯吾人惰性过强，旋觉旋迷，甚至愈

觉愈迷，昏聩糊涂。

《吾人最后之觉悟》，《陈独秀著作选》（一），第175页。

　　如果有人把民族文化离开全世界文化孤独地来看待，把国粹离开全世界学术孤独地来看待，在抱残守缺的旗帜之下，闭着眼睛自大排外，拒绝域外学术之输入，甚至拒绝用外国科学方法来做整理本国学问的工具，一切学术失了比较研究的机会……这样的国粹家实在太糟了！

《蔡子民先生逝世后感言》，《陈独秀著作选》（三），第544页。

　　我们应该尽力反抗帝国主义危及我们民族生存的侵略，而不应该拒绝它的文化。拒绝外来文化的保守倾向，每每使自己民族的文化由停滞而走向衰落。

《战后世界大势之轮廓》，《陈独秀著作选》（三），第595页。

我们不是迷信欧洲文化以为极则，我们是说东方文化在人类文化中比欧洲文化更为幼稚。

《寸铁·精神生活东方文化》，《陈独秀著作选》（二），
第602页。

4，对孔子儒家文化要有分析

科学与民主，是人类社会进步之两大主要动力，孔子不言神怪，是近于科学的。孔子的礼教，是反民主的，人们把不言神怪的孔子打入了冷宫，把建立礼教的孔子尊为万世师表，中国人活该倒霉！

《孔子与中国》，《陈独秀著作选》（三），第386页。

人们如果定要尊孔，也应该在孔子不言神怪的方面加以发挥，不可再提倡阻害人权

民主运动，助长官僚气焰的礼教了！

《孔子与中国》，《陈独秀著作选》（三），第389页。

孔学优点，仆未尝不服膺，唯自汉武以来，学尚一尊，百家废黜，吾族聪明，因之锢蔽，流毒至今，未之能解；又孔子祖述儒说阶级纲常之伦理，封锁神州。斯二者，于近世自由平等之新思潮，显相背驰，不于报章上词而辟之，则人智不张，国力浸削，吾恐其蔽将只有孔子而无中国也。

《再答常乃惪》，《陈独秀著作选》（一），第265页。

（二）教育

1.教育是改造社会的重要工具

教育虽然没有万能的作用，但总算是改造社会的重要工具之一，而且为改造社会最后的唯一工具。

《平民教育》，《陈独秀著作选》（二），第 329 页。

我对于教育的意见，第一是希望有教育，无论贵族的平民的都好，因为人们不受教育，

（二）教育

好像是原料不是制品；第二是希望教育是平民的而非贵族的，因为资本社会里贵族教育制造出来的人才，虽非原料，却是商品。

《平民教育》，《陈独秀著作选》（二），第 329 页。

未受教育的人，好像生材；已受教育的人，好像做成的器具。人类美点，可由教育完全发展；人类的恶点，也可由教育略为减少。

《近代西洋教育》，《陈独秀著作选》（一），第 322 页。

办学，务使社会明了教育内容，深知舍教育以外，不足以培成社会上经营各项事业之人才，及深信教育在社会上之实益。

《教育与社会》，《陈独秀著作选》（二），第 259 页。

理无绝对之是非，事以适时为兴废。

吾人所需于教育者，亦去其不适以求其适而已……乃以发展人间身心之所长而去其短……即补偏救弊，以求适世界之生存而已。

《今日之教育方针》，《陈独秀著作选》（一），第 142 页。

2. 教育应着眼于改良社会，不应着眼于做成伟大的个人

旧教育的主义是要受教育者依照教育者的理想，做成伟大的个人，为圣贤，为仙佛，为豪杰，为大学者；新教育不是这样，新教育是注重在改良社会，不专在造成个人的伟大。

《新教育是什么?》，《陈独秀著作选》（二），第 231 页。

教育与社会分离，足以减少教育之效力……少壮大学生，在学校时，无不品行纯

洁，志趣高超，为一有希望之青年。殆一入社会，则渐染渐深，愈久愈甚，终成为一无希望之恶人。

《教育与社会》，《陈独秀著作选》（二），第258页。

学生只能在书桌子上做自己的功课，于外面社会上的实况，一点都不知道。学校是学校，社会是社会，出了学校，更不能在社会上立足，那还能望他改造社会吗？似这种学校，不过造出几个书呆子出来罢了！于国家没有一点益处。

《新教育之精神》，《陈独秀著作选》（二），第95页。

3.大学办校方针

蔡先生（元培——编者）自任校长后，有二事为同人等所亲见者。一则学说独立，盖无论何种政治问题，北大皆不盲从，而独树大学改革之精神；二则思想自由，北大内有各种学说，随己所愿研究，是以毁誉不足计，而趋向之所宝贵者，则精神也。

《在欢送蔡子民出国宴会上致词》，《陈独秀著作选》（二），
第204页。

我国社会与教育分离，教育对于社会，亦取闭关主义……学校门首，多有挂"学校重地，闲人免进"……等牌，不准外人窥看……不知凡学校图书馆等，宜令人人皆可入内参观，使人人皆得增进知识，社会得渐渐改善。故外国图书馆，通俗演讲，均取开放主义，无论何人均可入内观听。

《教育与社会》，《陈独秀著作选》（二），第260页。

人类公性，原有保守进取二方面。欲救吾国之衰微，教育方针宜偏重进取主义。进

取主义中，宜富强并重，二者恒互为因果，殊难轩轾也。

《答 I·T·M》，《新青年》第 3 卷第 2 号，1917 年 4 月 1 日出版。

4.学校教育与社会教育并重

盖教育有广狭二义：自狭义言之，乃学校师弟之所授受；自广义言之，凡伟人大哲之所遗传，书籍报章之所论列，家庭之所教导，交游娱乐之所观感，皆教育也。

《今日之教育方针》，《陈独秀著作选》（一），第 140 页。

人身的暗示，最有力量的是两亲、业师、宗教家、医生、演说家、音乐家、演剧家、大思想家、社会改革运动者、大文豪、爱国者，不但同地同时，就是在远方古代，他们也都有暗示的力量。

《自杀论——思想变动与青年自杀》，《陈独秀著作选》（二），
第 58 页。

社会的暗示就是历史、传说、习惯、舆
论、道德、时代精神、社会风尚、思想潮流，
这几样暗示的力量强大而且久远。

《自杀论——思想变动与青年自杀》，《陈独秀著作选》（二），
第 58 页。

我以为造成科学的风尚，有四件事最要
紧：一是出版界鼓吹科学思想；二是在普通学
校里强迫矫正重文史轻理科的习惯；三是在高
级学校里设立较高深的研究科学的机关；四是
设立贩卖极普通的科学药品及工具，使人人
得有研究科学之机会。

《答皆平》，《〈独秀文存〉选》，第 352 页。

今之教育，倘不以尊重职业为方针，不

独为俗见所非，亦经世家所不取。盖个人以此失其独立自营之美德，社会经济以此陷于不克自存之悲境也。

《今日之教育方针》，《陈独秀著作选》（一），第145页。

5. 中国现代教育的缺点

现在教育的流弊，不出这两种主义——主观主义、形式主义。这两种主义不破，中国的教育绝不会有进步的希望。

《教育缺点》，《陈独秀著作选》（二），第122页。

教师只知道他自己做本位教授的时候，不管学生能不能领受，一味照他意思灌进去，这就是主观主义的现象。

《教育缺点》，《陈独秀著作选》（二），第119页。

形式主义的流弊和罪恶，不在主观主义之下。很多的学校，只重外面好看，装潢华丽，气象焕新，就是茅厕的门面，都有种种装饰……某地方还有一种牢不可破的样子，校门总是做来很高，建筑必求新式，而于内容反一点不讲。

《教育缺点》，《陈独秀著作选》（二），第 120 页。

科举时代所贵的是功名，是做官；现在学校所贵的还是有文凭，也是去做官，精神差不多是一样。

《新教育是什么?》，《陈独秀著作选》（二），第 230 页。

南北各省学生都热心起来做什么改大运动，许多高等师范及专门学校，内中还有几处极简陋连中学程度还不及的专门学校，都纷纷起来要求学校改办大学……倘不注意物质的设备（实验室图书馆等）及师生两方面之学力诸条件，一味盲目的希望"改称"大学，你们这种虚荣心，怎不令爱你们的人痛心疾首！

《呜呼改大！》，《向导》第60期，1924年4月2日出版。

看现今的学校，哪一个不是以学生做客体，拿他当被动的机械的，学校的事情，学生不唯不能参与，反而动辄拿那些通则规例，来压迫学生……又何怪每一个学生，进了一个学校，至毕业后，若是压得背驼足软，了无生气呢？如此学校教育，只能造成一班奴隶性质的国民，只知道服从，那还能够自动吗？哪还敢望他来出力为国家和改造社会呢？

《新教育之精神》，《陈独秀著作选》（二），第97页。

考试一件事，完全是形式主义的产物。这种弊病，很多很大。因为有了考试，就有什么毕业问题，文凭问题，引起了学生的虚荣心。

《教育缺点》，《陈独秀著作选》（二），第121页。

教师学生平常多都不注意，临到考试时候，在这一二礼拜以内拼死用功，不但临场时夹带枪替，于道德上很有影响，并且废食忘眠，在身体上大有妨害。到了考试完毕，把所有临时强记的完全忘掉了。

《教育缺点》，《陈独秀著作选》（二），第121页。

现在学生的求学，专为考试，这不过是为了毕业问题，希望早一天毕业，那文凭可早一天到手。所以种种罪恶，都从考试发生，道德上、身体上、思想上都没有好处。

《教育缺点》，《陈独秀著作选》（二），第121页。

其实考试及格不足为荣，考试落第不足为辱。考试得利的不定是槃槃大才，考试失利的不全是庸劣无能。

《教育缺点》，《陈独秀著作选》（二），第 121—122 页。

学生的学业，并不因考试提进的。并且做了教师，平日里不能知道自己学生品行学业的好歹，偏要凭着考试方才知道，这样漫不经心的教员，他平日的教育成绩也可想而知了。

《教育缺点》，《陈独秀著作选》（二），第 122 页。

吾们要望学生道德上学业上进步，不在乎考试，另有好的方法——譬如作文、英文等科，只要平常多方练习，自然能够进步。

《教育缺点》，《陈独秀著作选》（二），第 122 页。

我国教育和西洋古代教育，多半是用被动主义，灌输主义，一心只要学生读书万卷，做大学者。古人的著书，先生的教训，都是神圣不可非议。照此依样葫芦，便是成功的妙诀。所谓儿童心理，所谓人类性灵，一概抹杀，无人理会。

《近代西洋教育》，《陈独秀著作选》（一），第 324 页。

西洋近代教育，则大不相同了：自幼稚园以至大学，无一不取启发的教授法，处处体贴学生心理作用，用种种方法启发他的性灵，养成他的自动能力，好叫人类固有的智能得以自由发展。

《近代西洋教育》，《陈独秀著作选》（一），第 324 页。

被动主义灌输主义的教育，不顾学生的心理状态，只管拼命教去，教出来的人物，好像人做的模型，能言的鹦鹉一般，依人作解，自家决没有真实见地，自动能力。

《近代西洋教育》，《陈独秀著作选》（一），第 324 页。

极端的自动启发主义：用种种游戏法，启发儿童的性灵，养成儿童的自动能力；教师立于旁观地位，除恶劣害人的事以外，无不一任儿童完全的自动自由。此种教授法，现在已经通行欧美各国。

《近代西洋教育》，《陈独秀著作选》（一），第 324 页。

中国教育大部分重在后脑的记忆，小部分重在前脑的思索，训练全身的教育，从来不大讲究。

《近代西洋教育》，《陈独秀著作选》（一），第 325 页。

未受教育的人，身体还壮实一点，唯有那班书酸子，一天只知道咿咿唔唔摇头摆脑的读书，走到人前，痴痴呆呆的歪着头，弓着背，勾着腰，斜着肩膀，面孔又黄又瘦，耳目手脚，无一件灵动中用。这种人虽有手脚耳目，却和那跛聋盲哑残废无用的人，好得多少呢？

《近代西洋教育》，《陈独秀著作选》（一），第 325 页。

东方人连吃饭穿衣走路的知识本领也没有，专门天天想做大学者，大书箱，大圣贤，大仙，大佛。西洋教育所重的是世俗日用的知识，东方教育所重的是神圣无用的幻想；西洋学者重在直观自然界的现象，东方学者重在记忆先贤先圣的遗文。

《近代西洋教育》，《陈独秀著作选》（一），第 325 页。

中国教育，若真要取法西洋，应该弃神而重人，弃神圣的经典与幻想而重自然科学的知识和日常生活的技能。

《近代西洋教育》，《陈独秀著作选》（一），第 325 页。

博学而不能致用，漠视实际上生活之凉血动物，乃中国旧式之书生。

《答顾克刚》，《陈独秀著作选》（一），第331—332页。

一群之进化，其根本固在教育、实业，而不在政治，然亦必政治进化在水平线以上，然后教育实业始有发展之余地。

《答顾克刚》，《陈独秀著作选》（一），第331页。

（三）育人

1. 教育学生应德、智、体全面发展

现在西洋的教育，分德育、体育、智育三项。德国、日本的教育，格外着重在体操。我中国的教育，自古以来，专门讲德育，智育也还稍稍讲究，唯体育一门，从来没人提倡，以至全国人斯文委弱，奄奄无生气，这也是国促种弱的一个原因。

《王阳明先生训蒙大意的解释（二）》，《陈独秀著作选》（一），第95页。

社会之文野，国势之兴衰，以国民识字者之多寡别之，此世界之通论也。

《随感录·韩世昌》，《陈独秀著作选》（一），第388页。

余每见吾国曾受教育之青年，手无缚鸡之力，心无一夫之雄；白面纤腰，妩媚若处子；畏寒怯热，柔弱若病夫。以如此心身薄弱之国民，将何以任重而致远乎？

《今日之教育方针》，《陈独秀著作选》（一），第146页。

纨绔子弟，遍于国中；朴茂青年，等诸麟凤；欲以此角胜世界文明之猛兽，岂有济乎？茫茫禹域，来日大难。吾人倘不以劣败自甘，司教育者与夫受教育者，其速自觉觉人，慎毋河汉吾言，以常见虚文自蔽也！

《今日之教育方针》，《陈独秀著作选》（一），第146页。

强大之族，人性，兽性，同时发展。其他或仅保兽性，或独尊人性，而兽性全失，是皆堕落衰弱之民也。

《今日之教育方针》，《陈独秀著作选》（一），第 146 页。

兽性之特长谓何？曰，意志顽狠，善斗不屈也；曰，体魄强健，力抗自然也；曰，信赖本能，不依他而活也；曰，顺性率真，不饰伪自文也。

《今日之教育方针》，《陈独秀著作选》（一），第 146 页。

自生理言之，白面书生，为吾国青年称美之名词。民族衰微，即坐此病。美其貌，弱其质，全国青年，悉秉蒲柳之资，绝无桓武之态。艰难辛苦，力不能堪；青年堕落，壮无能为……浅化之民，势所必至。

《新青年》，《陈独秀著作选》（一），第 184 页。

（三）育人

外览列强之大势，内鉴国势之要求，今日教学相期者，第一当了解人生之真相，第二当了解国家之意义，第三当了解个人与社会经济之关系，第四当了解未来责任之艰巨。

《今日之教育方针》，《陈独秀著作选》（一），第142页。

古时候教人的道理，是要教人去实行那忠孝节义，才算是尽了人伦，才算是一个人……专门教学生做文章，就是文章做得呱呱叫，还是不能够实实在在做忠孝节义的事，这也算得是一个人么？

《王阳明先生训蒙大意的解释（一）》，《陈独秀著作选》（一），第91页。

2.儿童教育须知

教儿童念书的道理，不但是要开他的智

慧，并要培养他的心地，扶植他的志气……后世的人，往往有读书万卷，所行所为，还是天良丧尽。文词才华，可以取功名宝贵，而气节品行，一毫也不讲究，甚至于天天读理学书，挂道学招牌，却是问起他的心地来，还是一个卑鄙龌龊的小人。这都是只知道读诗书开知觉，不知道存良心重志气的缘故哩。

《王阳明先生训蒙大意的解释（二）》，《陈独秀著作选》（一），
第95页。

只知道教儿童念书做文章，不训练他的品行，还有捆打辱骂种种野蛮的法子，以至儿童看学堂和监牢一般，看先生和仇人一般。像这样不但学生万不能得益，而且廉耻丧尽，养成一种诡诈庸劣的下流性质。

《王阳明先生训蒙大意的解释（二）》，《陈独秀著作选》（一），
第96页。

孝是孝敬父母，弟是爱敬弟兄，忠是尽忠报国，信是心口如一不肯欺人，礼是遇事

有礼不侵害他人，义是待人公道自守本分，廉是不取非义之财，耻是真心学好不做不如人的事。做童子的时候，便专门把这些道理教训他，根基培稳，长大成人，自然是有用的国民了。

《王阳明先生训蒙大意的解释（一）》，《陈独秀著作选》（一），第91—92页。

小孩子性情活泼，没受惯拘束，活像初生的草木一般，别要压制他，顺着他的性子，他自然会生长发达起来，若是压制拘束很了，他便不能够生长。所以教育小孩子，也要像栽培草木一样，不可压制拘苦了他，要叫他心中时常快乐，自己自然晓得学好。

《王阳明先生训蒙大意的解释（一）》，《陈独秀著作选》（一），第92页。

儿童的性质，也和水性一般。大禹治水的法子，只是顺着水性疏通下去，丹朱治水，乃是逆着水性，专门用那防遏禁压手段，所以洪水越发泛滥不止。训练儿童的性情意志，也是如此。

《王阳明先生训蒙大意的解释（二）》，《陈独秀著作选》（一），
第95—96页。

西洋大教育家，有一个名叫裴司塔尔基的，他尝说道："教育童子，总要顺着他的性情才好，设种种方法，惹起他的欢悦心，使他乐于受教。然后施以合宜之教育，才能够开发他固有的智能。"

《王阳明先生训蒙大意的解释（一）》，《陈独秀著作选》（一），
第93页。

幼稚园和小学堂里，都重在游戏教育法，设出种种法子，一面和他游戏，一面就是教他学问，叫小孩子个个欢天喜地，情愿受教，没有一个肯逃学的。

《王阳明先生训蒙大意的解释（一）》，《陈独秀著作选》（一），
第93页。

在家庭教师之下受教育的儿童，学科上或较优于学校的儿童，然对于社会的知识及秩序与公共观念之训练完全缺乏，最好的结果不过养成一个文弱的乖僻不解事的书痴。

《新教育是什么?》,《陈独秀著作选》(二)，第 234 页。

学校儿童的成绩，我们往往看见小学生在学校受训练时，颇为活泼，守秩序，能合群，一入家庭社会，即与学校环境相反，在学校所受短时间的训练遂不发生效力。

《新教育是什么?》,《陈独秀著作选》(二)，第 234 页。

学校当以学生为本位，教育以启发儿童的本能，引起儿童的兴味，不可压制他。

《新教育之精神》,《陈独秀著作选》(二)，第 99 页。

教育儿童直接的目的，是要寻种种机会，

用种种方法，训练儿童心身各种感官，使他各种器官及观察力、创造力、想象力、道德、情感等本能，渐渐地自由生长发育。游戏、体操、手工、图画正是用做生长发育这些本能的工具。

《新教育是什么?》,《陈独秀著作选》(二)，第239页。

小学的游戏体操不专是发育体力的，兼且是发育各种器官肢体之感觉神经及运动神经反应的本能和道德情感的。

《新教育是什么?》,《陈独秀著作选》(二)，第239页。

小学的手工图画不是教成艺术家的，是用他发育儿童观察力、创造力、想象力的。

《新教育是什么?》,《陈独秀著作选》(二)，第239页。

最好是听凭儿童喜欢做什么就做什么，

喜欢画什么就画什么，使他观察、创造、想象的天才得以自由发展。

《新教育是什么?》，《陈独秀著作选》（二），第239页。

　　唱歌是发育儿童美的感想；合唱比单唱好听，可以养成儿童共同协作的精神；按节拍比不按节拍好听，可以养成儿童遵守规律的习惯。

《新教育是什么?》，《陈独秀著作选》（二），第240页。

　　教学生唱歌的道理，不但歌里的辞话，可以鼓动学生的志气，而且儿童的活泼性子，可以借此善成，儿童忧闷呆滞的光景，也可以借此解脱。

《王阳明先生训蒙大意的解释（二）》，《陈独秀著作选》（一），
第94页。

若由先生的意思教他造成美术品，……

这种教育可以叫做"填谱的"教育；一切"填谱的"教育都适以限制受教育者的智识自由活动而使其固定，且造成机械的、盲从的习惯，戕贼人类最可贵的创造天才。

《新教育是什么?》，《陈独秀著作选》（二），第 239—240 页。

（四）文学

1. 文学应反映社会思想现实与人情

文学是社会思想变迁的产物。

《〈独秀文存〉自序》,《陈独秀著作选》(二),第 379 页。

余甘冒全国学究之敌,高张"文学革命军"大旗,以为吾友之声援。旗上大书特书吾革命军三大主义:曰,推倒雕琢的阿谀的贵族文学,建设平易的抒情的国民文学;曰,推倒陈腐的铺张的古典文学,建设新鲜的立

235

诚的写实文学；曰，推倒迂晦的艰涩的山林文学，建设明了的通俗的社会文学。

《文学革命论》，《陈独秀著作选》（一），第 260—261 页。

士之浮华无学，正文弊之结果。浮词夸语，重为世害；以精深伟大之文学救之，不若以朴实无华之文学救之也。

《答程师葛》，《新青年》第 2 卷第 1 号，1916 年 9 月出版。

即以文学自身而论，世界潮流，固已弃空想而取实际，若吾华文学，以离实凭虚之结果，堕入剽窃浮词之末路，非趋重写实主义无以救之。

《答程师葛》，《新青年》第 2 卷第 1 号，1916 年 9 月出版。

何谓文学之本义耶？窃以为文以代语而已。达意状物，为其本义。文学之文，特其描写美妙动人者耳。其本义原非为载道有物而设，更无所谓限制作用，及正当的条件也。状物达意之外，倘加以他种作用，附以别项条件，则文学之为物，其自身独立存在之价值，不已破坏无余乎？

《答曾毅》，《陈独秀著作选》（一），第292页。

我们做小说的人，只应该做善写人情的小说，不应该做善述故事的小说。

《〈红楼梦〉新叙》，《陈独秀著作选》（二），第282页。

中土小说出于稗官，意在善述故事……但西洋近代小说受了实证科学的方法之影响，变为专重善写人情一方面，善述故事一方面遂完全划归历史范围，这也是学术界的分工作用。

《〈红楼梦〉新叙》，《陈独秀著作选》（二），第281页。

我们一方面希望有许多留心社会状况的纯粹历史家出来，专任历史的工作；一方面希望有许多留心社会心理的纯粹小说家出来，专任小说的工作；分工进行，才是学术界的好现象。

《〈红楼梦〉新叙》，《陈独秀著作选》（二），第 281 页。

文学的特性重在艺术，并不甚重在理想。理想本是哲学家的事，文学家的使命，并不创造理想；是用妙美的文学技术，描写时代的理想，供给人类高等的享乐。

《〈水浒〉新叙》，《陈独秀著作选》（二），第 148 页。

文学美文之为美，却不在骈体与用典也。结构之佳，择词之丽（即俗语亦丽，非必骈与典也），文气之清新，表情之真切而动人：此四者，其为文学美文之要素乎。

《答常乃惪》，《陈独秀著作选》（一），第 250 页。

中国文学有一层短处，就是：尚主观的
"无病而呻"的多，知客观的"刻画人情"的少。

《〈儒林外史〉新叙》，《陈独秀著作选》（二），第 190 页。

2. 评中国古代名著

在文学技术上论起来，《水浒传》的长处，
乃是描写个性十分深刻，这正是文学上重要
的。

《〈水浒〉新叙》，《陈独秀著作选》（二），第 148 页。

元、明间国语文蔚然大起，《水浒传》、
《金瓶梅》、《西游记》都是这时代的代表著作，
在研究这时代的语法上，我们不能不承认《西
游记》和《水浒传》、《金瓶梅》有同样的价值。

《〈西游记〉新叙》，《陈独秀著作选》（二），第 327 页。

国人往往鄙视小说，这种心理，若不改变，是文学界一大妨碍。……喜欢文学的人，对于历代的小说——无论什么小说——都应该切实研究一番。

《〈儒林外史〉新叙》，《陈独秀著作选》（二），第 191 页。

国人恶习，鄙夷戏曲小说为不足齿数，是以贤者不为，其道日卑，此种风气，倘不转移，文学界决无进步之可言。

《答钱玄同》，《陈独秀著作选》（一），第 274 页。

中国小说，有两大毛病：第一是描写淫态，过于显露；第二是过贪冗长（《金瓶梅》、《红楼梦》细细说那饮食，衣服，装饰，摆设，实在讨厌！）。这也是"名山著述的思想"的余毒。

《三答钱玄同》，《陈独秀著作选》（一），第 342 页。

（五）艺术

1.艺术创作需要反强权的"绝对自由"

偏重自由的精神，最好是应用于艺术道德方面；因为艺术离开了物质社会的关系，没有个体自由的冲突，所以他的自由是能够绝对的，而且艺术必须有绝对的自由，脱离了一切束缚，天才方可以发展。

《社会主义批评——在广州公立法政学校演讲》，
《陈独秀著作选》（二），第251页。

西洋所谓大文豪，所谓代表作家，非独以其文章卓越时流，乃以其思想左右一世也。三大文豪之左喇，自然主义之魁杰也。易卜生之剧，刻画个人自由意志者也。托尔斯泰者，尊人道，恶强权，批评近世文明，其宗教道德之高尚，风动全球，益非可以一时代之文章家目之也。

《现代欧洲文艺史谭》，《陈独秀著作选》（一），第 159 页。

西洋大文豪，类为大哲人，非独现代如斯，自古尔也。若英之沙士皮亚（Shake-speare），若德之桂特（Goethe），皆盖代文豪而为大思想家著称于世者也。

《现代欧洲文艺史谭》，《陈独秀著作选》（一），第 159 页。

绘画虽然是纯艺术的作品，总也要有创作的天才，和描写的技能，能表现一种艺术的美，才算是好。

《答吕澂》，《陈独秀著作选》（一），第 449 页。

2.戏剧是"世界上第一大教育家"

有一件事，世界上人没有一个不喜欢，无论男男女女老老少少，个个都诚心悦意，受他的教训，他可算得是世界上第一大教育家……就是唱戏的事啊。

《论戏曲》，《陈独秀著作选》（一），第86页。

依我说起来，戏馆子是众人的大学堂，戏子是众人大教师，世上人都是他们教训出来的。

《论戏曲》，《陈独秀著作选》（一），第86页。

世上人的贵贱，应当在品行善恶上分别，原不在执业高低，况且只有我中国，把唱戏当作贱业，不许和他人平等。西洋各国，是把戏子和文人学士，一样看待。因为唱戏一事，与一国风俗教化，大有关系，万不能不当一件正经事做。

《论戏曲》，《陈独秀著作选》（一），第 87 页。

就是考起中国戏曲的来由，也不是贱业。古代圣贤，都是亲自学习音律，像那云门、咸池、韶护、大武各种的乐，上自郊庙，下至里巷，都是看得很重的。

《论戏曲》，《陈独秀著作选》（一），第 87 页。

剧之为物，所以见重欧洲者，以其为文学美术科学之结晶耳。

《答张镠子》，《陈独秀著作选》（一），第 380 页。

一要多多的新排有益风化的戏。……一可采用西法，戏中夹些演说，大可长人识见，或是试演那光学电学各种戏法，看戏的还可以练习格致的学问。一不唱神仙鬼怪的戏。一不可唱淫戏。……一除去富贵功名的俗套。……我们中国的戏曲，要能照以上所说的五样改变过来，还能说唱戏是游荡无益的事吗？

《论戏曲》，《陈独秀著作选》（一），第88—89页。

（六）治学

1．治学应追求真理，发展科学

我辈立论，应在寻求真理，非求其有利无利于何方也。

《致郑学稼信》，《陈独秀著作选》（三），第 520 页。

学术何以可贵？曰，以牖吾德慧，厚吾生；文明之别于野蛮，人类之别于其他动物也。以此。学术为吾人类公有之利器，无古今中外之别，此学术之要旨也。

《随感录·学术与国粹》，《陈独秀著作选》（一），第372页。

学术之发展，固有分析与综合二种方向，互蠬递变，以赴进化之途。此二种方向，前者多属于科学方面，后者属于哲学方面，皆得谓之进步，不得以孰为进步孰为退步也。

《再质问〈东方杂志〉记者》，《陈独秀著作选》（一），第483页。

论学术，必守三戒：一曰勿尊圣。尊圣者以为群言必折中于圣人。而圣人岂耶教所谓全知全能之上帝乎？二曰勿尊古，尊古者以为不师古，则卑无足取。岂知古人亦无所师乎？犯此二戒，则学术将无进步之可言。三曰勿尊国，尊国者以为鄙弃国闻，非励进民德之道……吾以为此种国粹论，以之励进民德而不足，杜塞民智而有余。

《随感录·学术与国粹》，《陈独秀著作选》（一），
第372—373页。

吾人讲学，以发明真理为第一义，与施政造法不同。但求别是非，明真伪而已，收效之迟速难易，不容计及也。

《再答俞颂华》，《陈独秀著作选》（一），第309页。

一切科学家、哲学家，倘畏难而不肯违反俗见，何以有今日之文明进步？真理与俗见，往往不能并立。服从真理乎？抑服从俗见乎？其间固不容有依违之余地，亦无法谋使均衡也。

《再答俞颂华》，《陈独秀著作选》（一），第310页。

中国自老聃、孔丘以至康有为、章炳麟，都是胡说乱讲，都是过去的梦话，今后我们

对于学术思想的责任，只应该把人事物质一样一样地分析出不可动摇的事实来，我以为这就是科学，也可以说是哲学。

《答皆平》，《〈独秀文存〉选》，第351—352页。

离开了物质的文明，离开自然科学的思想，容易发生复古的清谈的流弊……这种胡思乱想，只是空空洞洞，为害还小，只怕是东扯西拉，弄得材料很丰富，一动笔便诸子百家……，牛头不对马嘴的横拉一阵，哪怕著书等身，终究是个没条贯的糊涂虫！

《答高铦》，《〈独秀文存〉选》，第332—333页。

科学者何？吾人对于事物之概念，综合客观之现象，诉之主观之理性而不矛盾之谓也。想象者何？既超脱客观之现象，复抛弃主观之理性，凭空构造，有假定而无实证，不可以人间已有之智灵，明其理由，道其法则者也。

《敬告青年》，《陈独秀著作选》（一），第 134 页。

今且日新月异，举凡一事之兴，一物之细，罔不诉之科学法则，以定其得失从违；其效将使人间之思想云为，一遵理性，而迷信斩焉，而无知妄作之风息焉。

《敬告青年》，《陈独秀著作选》（一），第 135 页。

以科学说明真理，事事求诸证实，较之想象武断之所为，其步度诚缓；然其步步皆踏实地，不若幻想突飞者之终无寸进也。

《敬告青年》，《陈独秀著作选》（一），第 135 页。

中国急需学者，但同时必须学者都有良心，有良心的学者才能够造成社会上真正多数人的幸福。我们敬爱一个诚实的农夫或工人过于敬爱一个没良心的学者。这班学者脑子里充满了权门及富豪的肮脏东西，他们不以为耻辱，还要把那些肮脏东西列入学理之内。他们那曲学阿世的罪恶助成了权门富豪的罪恶都一件一件写在历史上。

《随感录·社会的工业及有良心的学者》，《陈独秀著作选》（二），第 192 页。

宇宙间万象森罗中，有客观的实质和主观的幻觉二种。实质有对境，如高山流水等。幻觉无对境，如海市空花等。

《答莫等》，《陈独秀著作选》（一），第 422 页。

我们研究无论甚么问题，终该有历史的观念，因为一个问题的发生，不是在短时间内的；所以我们要研究这个问题，必定要把这个问题的起源、历史详细地考察一下，然后可望得到一个正确的观念和批评。

《宗教问题》，《陈独秀著作选》（二），第342页。

2.学说和社会是互为影响的

一种学说，可产生一种社会；一种社会，亦产生一种学说。影响复杂，随时变迁。其变迁愈复杂而期间愈速者，其进化之程度乃愈高。其欲独尊一说，以为空间上人人必由之道，时间上万代不易之宗，此于理论上决为必不可能之妄想，而事实上唯于较长期间不进化之社会见之耳。

《孔子之道与现代生活》，《陈独秀著作选》（一），第231页。

国家现象，往往随学说为转移。我们中国，已经被历代悖谬的学说败坏得不成样子了。目下政治上社会上种种暗云密布，也都有几种悖谬学说在那里作祟。慢说一班老腐败了，就是头脑不清的青年，也往往为悖谬学说所惑。

《今日中国之政治问题》，《陈独秀著作选》（一），第387页。

政治之有共和，学术之有科学，乃近代文明之二大鸿宝也。

《时局杂感》，《陈独秀著作选》（一），第316页。

3. 治学要有独立见解和为真理牺牲奋斗的精神

我只注重我自己独立的思想，不迁就任何人的意见……不代表任何人，我已不隶属任何党派，不受任何人的命令指使，自作主张自负责任。

《给陈其昌等的信》，《陈独秀著作选》（三），第432—433页。

我不懂得什么理论，我决计不顾忌偏左偏右，绝对力求偏颇，绝对讨厌中庸之道，绝对不说人云亦云豆腐白菜不痛不痒的话，我愿意说极正确的话，也愿意说极错误的话，绝不愿说不错又不对的话。

《给陈其昌等的信》，《陈独秀著作选》（三），第431页。

说谎话说出最高的价值，也不过是宗教；宗教是要靠说谎才能存在的，说老实话乃是科学的。科学家有时也有错误，然错误不过苦于假定之不成立，真正科学家都不曾有心说谎。科学正是严肃的制止人们说谎，欢喜说谎的人们所以也厌恶科学。

《说老实话》，《陈独秀著作选》（三），第495页。

我不敢自吹我是敢于说老实话，我只自誓；宁可让人们此时不相信我的说话，而不愿利用社会的弱点和迎合青年的心理，使他们到了醒觉之时，怨我说谎话欺骗了他们！

《说老实话》，《陈独秀著作选》（三），第 496 页。

一切政策与口号，若不择空间和时间一概采用或一概否拒，都是站在形式逻辑的观点上，对辩证的马克思主义加以讥讽。

《被压迫国的无产阶级应不应该领导爱国运动》，《陈独秀著作选》（三），第 228 页。

中国学术不发达之最大原因，莫如学者自身不知学术独立之神圣。

《随感录·学术独立》，《陈独秀著作选》（一），第 389 页。

无论何种主义学说皆应许人有赞成反对之自由。

《致周作人、钱玄同诸君信》，《陈独秀著作选》（二），第 334 页。

勿依违，勿调和——依违调和为真理发
见之最大障碍！

《孔子之道与现代生活》，《陈独秀著作选》（一），第 237 页。

贫学的中国，翻译外国的社会科学及自
然科学的书籍，自然是目前的急需；即是于我
们目前思想改造上有益的文学书，也有翻译
的必要。

《我们为什么欢迎泰谷儿?》，《陈独秀著作选》（二），第 543 页。

学说的输入都是跟着需要来的，不是跟
着时新来的。这些学说在社会上有需要一日，
我们便应当作新学说鼓吹一日；比这些更新的
学说若在社会上有了输入的需要，我们当然
是欢迎他；比这些更旧的学说若是在社会上有
存留的需要，我们不应该唾弃他。

《学说与装饰品》，《陈独秀著作选》（二），第 177 页。

（说）马格斯的社会主义，都是几十年前百年前的旧学说，都有比他们更新的，他们此时已经不流行不时髦了。这种论调完全把学说当作装饰品，学说重在需要，装饰品重在时新，这两样大不相同呵！

《学说与装饰品》，《陈独秀著作选》（二），第177页。

头脑不清的人评论事，每每好犯"笼统"和"以耳代目"两样毛病；这两样毛病的根源，用新术语说起来，就是缺乏"实验观念"，用陈语说起来，就是"不求甚解"。这种不求甚解的脾气，和我们中国人思想学术不发达的关系很大。

《"笼统"与"以耳代目"》，《〈独秀文存〉选》，
第203页。

近世学术，竞尚比较的研究法，以求取精用宏……吾人生于二十世纪之世界，取二十世纪之学说思想文化，对于数千

年前之孔教，施以比较的批评，以求真
理之发见，学术之扩张，不可谓非今世
当务之急。

《答佩剑青年》，《陈独秀著作选》（一），第 281 页。

我们一方面希望有许多留心社会状况的
纯粹历史家出来，专任历史的工作；一方面
希望有许多留心社会心理的纯粹小说家出来，
专任小说的工作；分工进行，才是学术界的好
现象。

《〈红楼梦〉新叙》，《陈独秀著作选》（二），第 281 页。

4.写作切忌无病呻吟

如今出版界的意思，只要于读者有点益
处，有印行的价值便印行，不一定要是传世
的作品；著书人的意思，只要有点心得或有点

意见贡献于现社会，便可以印行。

《〈独秀文存〉自序》，《陈独秀著作选》（二），第379页。

我这几十篇文章……不过直述我的种种直觉罢了；但都是我的直觉，把我自己心里要说的话痛痛快快地说将出来，不曾抄袭人家的说话，也没有无病而呻的说话，在这一点，或者有出版的价值。

《〈独秀文存〉自序》，《陈独秀著作选》（二），第379页。

弟（陈独秀自称——编者）对于自传，在取材、结构及行文，都十分慎重为之，不愿草率从事，万望先生勿以速成期之，使弟得从容为之，能在史材上文学上成为稍稍有价值之著作。

《致亢德》，《陈独秀著作选》（三），第406页。

　　世人粗制滥造，往往日得数千言，弟不能亦不愿也。普通卖文糊口者，无论兴之所至与否，必须按期得若干字，其文自然不足观。

《致亢德》，《陈独秀著作选》（三），第 406 页。

责任编辑：杨文霞

封面设计：徐　晖

责任校对：王　惠

图书在版编目（CIP）数据

陈独秀语丝 / 唐宝林　编 . —北京：人民出版社，2016.10

ISBN 978 – 7 – 01 – 016468 – 7

I.①陈…　II.①唐…　III.①陈独秀（1880–1942）– 语录

　IV.① K827=6

中国版本图书馆 CIP 数据核字（2016）第 166848 号

陈独秀语丝
CHEN DUXIU YUSI

唐宝林　编

人 民 出 版 社 出版发行

（100706　北京市东城区隆福寺街 99 号）

环球东方（北京）印务有限公司印刷　新华书店经销

2016 年 10 月第 1 版　2016 年 10 月北京第 1 次印刷

开本：880 毫米 ×1230 毫米 1/32　印张：8.625

字数：111 千字

ISBN 978 – 7 – 01 – 016468 – 7　定价：36.00 元

邮购地址 100706　北京市东城区隆福寺街 99 号

人民东方图书销售中心　电话（010）65250042　65289539